Das kapitalistische Geldsystem

Entwirrte Krisendynamik

Die Quadratur des Geldes
3. Teil

Samirah Kenawi

2022

Bibliografische Information der Deutschen Nationalbibliothek: Die Deutsche Nationalbibliothek verzeichnet diese Publikation in der Deutschen Nationalbibliografie; detaillierte bibliografische Daten sind im Internet über dnb.dnb.de abrufbar.

Herstellung und Verlag: BoD – Books on Demand, Norderstedt

Covergestaltung: H. S. Aßmann

ISBN: 9783755754749

Wir leben im Zeitalter des organisierten Diebstahls;
eines so raffinierten Diebstahls, daß der Geschädigte
kaum merkt, wie er bestohlen wird, und der Dieb
seine Finger gar nicht beschmutzen braucht, um
fremdes Gut an sich zu bringen.

Argentarius[1]

(Der Name ist ein Pseudonym. Das Wort stammt
aus dem Lateinischen und bedeutet Bankier.)

Technische Hinweise

<u>Zitierweise</u>

In Zitaten wurde die Schreibweise des Originals beibehalten, die teilweise erheblich von der heutigen abweicht.

Bei Verweisen auf andere Teile der **Tetralogie „Die Quadratur des Geldes"**, siehe Seite 110, wird oft nur die Nr. des Teils angegeben.

<u>Links</u>

Unterstrichene Textteile sind im e-Buch als Link angelegt. Der Link findet sich in den Anmerkungen am Ende des Buches.

<u>Gender</u>

Soweit mir das Geschlecht der Akteur*innen nicht eindeutig bekannt war, habe ich mich um geschlechtsneutrale Formulierungen bemüht. Es ist ein Versuch auch in dieser Hinsicht Ansichten zu hinterfragen und neu zu denken.

<u>Endnoten</u>

[1, 2, 3...] Hochgestellte Zahlen verweisen auf Quellenangaben oder weiterführende Ergänzungen zum Text, siehe Anmerkungen am Ende des Buches.

<u>Fußnoten</u>

[A, B, C...] Hochgestellte Großbuchstaben verweisen auf Worterklärungen oder kurze Ergänzungen zum Text am Fuß der jeweiligen Seite.

<u>Abkürzungen</u>

d.A.   die Autorin
H.d.A.   Hervorhebung der Autorin
H.i.O.   Hervorhebung im Original
Jh.   Jahrhundert
Jhs.   Jahrhunderts
Ü.d.A.   Übersetzung der Autorin

Inhalt

Textkästen

1. Falschgeld

Ein elegantes Mittel zum Raub

> Stiehlt einer ein Goldstück, dann hängt man ihn. Wer
> öffentlich Gelder unterschlägt, wer durch Monopole,
> Wucher und tausenderlei Machenschaften und Be-
> trügereien noch so viel zusammenstiehlt, der wird
> unter die vornehmen Leute gerechnet.
>
> Erasmus von Rotterdam[2]

In der Kunst gilt die Kopie eines Originals als falsch. Bei Kunstdrucken wird jede Kopie nummeriert und die Auflage möglichst klein gehalten. Auch Geldscheine werden nummeriert. Ihre Auflage steigt allerdings ins Unüberschaubare. Geld ist offensichtlich keine Kunst. Geld bezeichnen wir nur als falsch, wenn es unbefugt gedruckt wird. Doch Gelddrucken allein macht noch kein Geld. Aus den Bilanzen einer Zentralbank lässt sich klar erkennen, dass Geldscheine erst durch das Verleihen zu Geld werden.[3] Erst die Scheine, die in Umlauf gelangen, sind Geld. Vorher sind sie gewissermaßen nur Kunstdrucke, d.h. kunstvolle Drucke, die im Tresor der Zentralbank verwahrt werden.

Die illegale *Geldherstellung* ist zweifelsfrei kriminell, doch erst die unbefugte *Geldverwendung* macht Geld zu einem Mittel des Raubs. Klar erkennbar wird das bei geraubtem Geld. Derart illegal angeeignetes Geld ermöglicht es, sich die Arbeitsergebnisse anderer anzueignen, ohne eine entsprechende Gegenleistung erbringen zu müssen. Illegale Geldherstellung ist verboten, weil das die Vorbereitung zu einem solchen Raub ist.

Was aber, wenn ganz legale Geldschöpferinnen, die Geschäftsbanken, Geld schaffen, ohne dass jene, die sich dieses Geld durch legale Geschäftspraktiken aneignen, dafür irgendwelche reale Gegenleistungen erbringen müssen? Erzeugen diese Banken dann nicht Falschgeld, nämlich Geld mit dem andere unbemerkt beraubt werden? Geld entstand doch ursprünglich, um den Gegenwert in einem Tauschakt zu vertreten. Geld, hinter dem kein Gegenwert existiert, macht aus einem Kauf folglich Diebstahl.

Derart definiertes Falschgeld wird heute weniger durch illegales Gelddrucken, sondern in gigantischem Ausmaß durch legale Geldschöpfung der Geschäftsbanken geschaffen. Dieses Falschgeld wird selten durch Diebstahl, sondern gewöhnlich durch legale Geschäfte erworben. Es unterscheidet sich von echtem Geld nicht im Aussehen, sondern dadurch, dass es leistungslos erworben wird. Die größte Geldfälschung wurde und wird so stets durch legale Geldschöpfung betrieben. Dieses Buch will zeigen, wie diese gewaltige Falschgeldproduktion entstand und wie sie funktioniert.

2. Ausbeutung

Zivilisation besteht darin, die Peitsche durch Geld zu ersetzen

> Moderne Sklavenhändler reden sich ein, dass es besser sei, wenn verarmte Menschen einen Dollar am Tag verdienen, statt gar nichts, und dass sie ihnen die Gelegenheit bieten, sich in die Weltwirtschaft einzugliedern. Auch sie wissen, dass diese Menschen unverzichtbar sind für ihre eigene Wirtschaftsform, dass sie die Grundlage bilden für die Aufrechterhaltung ihrer Lebensform.
>
> John Perkins[4]

Dieses Buch beschreibt das kapitalistische System der Ausbeutung. Es ist ein raffiniertes System. Es setzt weniger auf die Peitsche der Sklaventreiber*innen, dafür mehr auf ein ganz legales Mittel zur Aneignung fremder Güter: Geld. Möglich ist das, da nur ein Teil der Menschen für den Erwerb von Geld arbeiten muss. Den durch das Erbringen realer Leistungen erworbenen Arbeitseinkommen stehen gigantische, leistungslos erworbene Kapitaleinkommen gegenüber. Werden mit diesen Kapitaleinkommen Infrastrukturnetze, Grundstücke oder staatliche Immobilien gekauft, wird die Gesellschaft enteignet, denn reale Werte werden dann gegen nur scheinbar wertvolles Geld getauscht. Die komplexen Mechanismen der Verschleierung von Ausbeutung mit derartigem Falschgeld sollen hier aufgedeckt werden. Wann und warum begann die Ausbeutung des Menschen durch den Menschen? War der Übergang von der nomadischen zur sesshaften Lebensweise der Auslöser, oder der damit einhergehende Übergang von der (durch Sammeln und Jagen) aneignenden zur (durch Ackerbau und Viehhaltung) produzierenden Wirtschaftsweise? Oder haben Knechtschaft und Sklaverei ihren Ursprung erst in der Herstellung von Bronzegeräten? Sicher ist, dass Ausbeutung eine lange Tradition hat. Sie ist ein finsterer Bestandteil der Menschheitsgeschichte. Schon die antiken Hochkulturen haben u.a. Knechte, Sklavinnen und Tributpflichtige stolz in ihren Wandreliefs verewigt. Ausbeutung erscheint dadurch wie ein in Stein gemeißelter Bestandteil menschlicher Gesellschaften. Sie hat sich im Laufe unserer Geschichte als scheinbar unvermeidliches Element tief in unser Bewusstsein eingebrannt.

Wir mögen Ausbeutung heute verbal verdammen. Doch der Kapitalismus hat ein System der Ausbeutung geschaffen, in dem wir sie oft gar nicht mehr erkennen. Möglich wurde das, weil sich nicht nur das Wesen des Geldes im Laufe seiner Evolution verändert hat. Auch die Formen der Ausbeutung haben sich im Laufe der letzten Jahrtausende gewandelt. Zwar gibt es auch heute noch Sklaverei und Zwangsarbeit, doch neben diesen direkten, sichtbar brutalen Formen der Ausbeutung findet Ausbeutung heute überwiegend unbemerkt statt. Diebe tragen schon lange Maßanzüge, Diebinnen Designermode.

Der allumfassende Raub findet im Kapitalismus auf so verschlungenen Wegen statt, dass es schwer ist Ross und Reiter*in zu enttarnen und das Gespinst zu entwirren. Das zentrale Mittel der Ausbeutung ist im Kapitalismus das Geld. Geld ist im Kapitalismus zu einem notwendigen Tauschmittel geworden. Es gibt kaum noch Möglichkeiten autark zu leben und sich dem Gebrauch von Geld zu entziehen. Doch es müssen nicht alle Menschen für Geld arbeiten. Der Kapitalismus hat völlig neue Möglichkeiten hervorgebracht, sich Geld ohne das Erbringen einer adäquaten Gegenleistung anzueignen. Problematisch ist, dass Falschgeld zu einem notwendigen Element im kapitalistischen Geldkreislauf wurde, denn dieser besteht aus zwei konträren Geldkreisläufen. Chronischer Geldmangel herrscht in der Realwirtschaft, dem Teil des Geldkreislaufes, in dem Lohngelder für real erbrachte Leistungen gezahlt werden. Die komplexen Ursachen für diesen chronischen Geldmangel werden in den folgenden Kapiteln dargelegt. Der Mangel erzeugt einen permanenten Druck auf die Arbeitseinkommen. Ohne Gegensteuerung würde es zu Absatzkrisen[A] und daraus folgender Arbeitslosigkeit kommen. Deshalb erscheint es als Wohltat, dass in der Finanzwirtschaft Geld losgelöst von realen Leistungen geschaffen wird. Mit derartigem Falschgeld können sich die Profiteur*innen die Arbeit anderer formal legal aneignen. Die leistungslos erworbenen Kapitaleinkommen werden als selbstverständlich, ja als notwendig angesehen, weil durch sie dem chronischen Geldmangel in der Realwirtschaft entgegen gewirkt wird.

Wir werden sehen, warum die Summe der Arbeitseinkommen nie ausreicht, das gesamte produzierte Warenangebot zu kaufen. Wir werden sehen, auf welchen verschlungenen Pfaden die Kaufkraft, die fehlt, um den Markt leer zu kaufen, in den realwirtschaftlichen Geldkreislauf eingespeist wird. Ohne das zusätzliche Geld würden unverkaufte Waren den Anschein einer Überproduktionskrise[B] erzeugen. Produktionseinschränkungen hätten Entlassungen und sinkende Arbeitseinkommen zur Folge. Weiterer Absatzrückgang würde weiteren Produktionsrückgang bewirken. Diesem kapitalistischen Teufelskreislauf ist nicht durch Vergesellschaftung der Produktionsmittel, sondern nur durch Beseitigung der Fehlsteuerungen im Geldkreislauf beizukommen.

[A] Auf den Konflikt zwischen sozialen und ökologischen Problemen wurde bereits im 1. Teil (Kenawi (2021a), Kapitel 4.1 und 4.2: *Sozialer* bzw. *Ökologischer Kollaps*) hingewiesen. Heute erscheint Wegwerfproduktion notwendig, um Lohneinkommen zu sichern, was katastrophalen Ressourcenverbrauch, also ökologische Zerstörung zur Folge hat.

[B] Wegwerfproduktion und Konsumterror lassen es absurd erscheinen, das Phänomen Überproduktionskrise zu hinterfragen. Bei genauer Betrachtung zeigt sich jedoch vor allem Überfluss an Sinnlosem und zugleich Mangel an Notwendigem. Dieser scheinbare Widerspruch folgt aus dem destruktiven kapitalistischen Geldkreislauf, der zugleich Geldmangel und Geldüberfluss erzeugt.

3.   Nachfragelücke

Einfallstor für systematischen Diebstahl

> ... so zirkuliert das Geld immer weiter, bis eines
> Tages jemand ein Darlehen zurückbezahlt. Dann
> verschwindet das Geld, kehrt es wieder in das
> Nichts zurück, aus dem es geschaffen wurde ...
>
> Bernard A. Lietaer [5]

Eine Grundthese der Schulökonomie besagt, dass die Produktion stets ihren eigenen Absatz schafft.[A] Gemeint ist, dass das durch die Produktionskosten in Umlauf gebrachte Geld ausreicht, die produzierten Waren zu kaufen. Mit anderen Worten: die Summe aller Arbeitseinkommen entspricht *theoretisch* der Summe aller Warenpreise. Doch diese Grundannahme, sämtlicher an den Universitäten gelehrten Volkswirtschaftstheorien, ist falsch. Ein Grund dafür findet sich in den geltenden Kreditgesetzen. Diese bewirken, dass die betrieblichen Ausgaben fremdfinanzierter (d.h. zumindest teilweise kreditfinanzierter) Unternehmen höher sind als die daraus entstehenden Arbeitseinkommen. Ein zweiter Grund findet sich in der Profitideologie[B]. Machen wir zunächst tabellarisch transparent, warum die Summe der Arbeitseinkommen nicht ausreicht, die Gesamtheit der produzierten Waren zu kaufen. Analysieren wir, warum die Summe aller Warenpreise stets höher ist als die Summe aller Arbeitseinkommen. Die strukturelle Differenz zwischen Warenpreisen und Kaufkraft führt dazu, dass die Nachfrage nach Waren geringer ist als das Warenangebot. Es entsteht eine chronische Nachfragelücke.

Im Kapitel 8: *Geldkreislauf* wird schrittweise gezeigt, wie diese Lücke durch immer neue Geldquellen geschlossen wird. Doch bevor wir im Weiteren untersuchen, welche ökonomische Dynamik durch die chronische Nachfragelücke erzwungen wird, soll untersucht werden, wodurch sie entsteht. Die folgende Tabelle zeigt die zwei oben benannten Ursachen für das Entstehen der Nachfragelücke: die Kreditgesetze sowie die Profitideologie.

[A]   Gemeint ist das Saysche Theorem, siehe Kapitel 9.1: *Gelddeckung*. Die Behauptung des Ökonomen Jean-Baptiste Say, dass jedes Angebot seine eigene Nachfrage erzeugt, wurzelt in der Idee, Geldwirtschaft sei nur eine verschleierte Tauschwirtschaft und Geld ein neutrales Tauschmittel. Doch Geld ist keineswegs neutrales Tauschmittel. So müssen die meisten viel für wenig Geld leisten, doch einige leisten wenig oder nichts für sehr viel Geld. Da Geld nicht neutral ist, kann Ausbeutung nicht durch Vergesellschaftung der Produktionsmittel aufgelöst werden. Um kapitalistische Ausbeutung zu beseitigen, ist eine tiefgreifende Neugestaltung des Geldsystems notwendig. So eine Neugestaltung muss von einer Reform des Eigentumsrechts sowie von weiteren gesellschaftlichen Reformen begleitet werden, siehe Teil 4.

[B]   … der unhinterfragten Erwartung, eine Investition müsse mehr Geld einbringen, als sie kostet.

Tabelle 1: Preiskalkulation – Nicht alle Ausgaben werden zu Einkommen

Betriebsausgaben/Preisanteile	resultierende Einkommen/Kaufkraft
Materialkosten inklusive Strom, Gas etc.	Einkommen in Zuliefer-, Netzbetreiber- sowie Versorgungsbetrieben
+ Lohnkosten	+ Einkommen der Beschäftigten
+ Steuern	+ Einkommen im Staatsdienst
+ Krankenversicherung	+ Einkommen im Gesundheitssektor
+ Rentenversicherung	+ Renteneinkommen
+ Ausgaben für Miete oder Pacht	+ Einkommen der Verwalter*innen und/oder Eigentümer*innen
Kreditrate/Kapitalkosten bestehend aus:	
+ Zinsrate	+ Einkommen der Bankangestellten
+ **Tilgungsrate**	**Kein Einkommen → Geldvernichtung**
Weitere Unternehmenskosten	
+ Gewinnauszahlung	+ Unternehmer*inneneinkommen
+ Rücklagenbildung	+ Reinvestitionen ins Unternehmen
+ Profit (möglicher, aber nicht zwingender Gewinnanteil)	**Keine Kaufkraft→Einnahmen der Unternehmen, die oft direkt oder indirekt in die Finanzwirtschaft fließen**[c]
Summe Warenpreise > Summe Kaufkraft	

In der linken Spalte wurden alle betrieblichen Ausgaben aufgelistet. Diese Ausgaben muss ein Unternehmen natürlich später wieder einnehmen und deshalb in seine Preise einkalkulieren. Die betrieblichen Ausgaben bilden zugleich die Geldmenge, aus der spätere betriebliche Einnahmen entstehen können, denn die Ausgaben des Unternehmens werden bei anderen zu Einkommen.

Die Preiskalkulation zeigt nun aber, dass nicht alle Ausgaben der Unternehmen zu Einkommen werden. Zwischen der Summe der Ausgaben (aus der die Preissumme folgt) und der Summe der Einkommen (aus der die Kaufkraft folgt) besteht eine Differenz. Sie entsteht zum einen, weil das vom Unternehmen für die Kredit*tilgung* ausgegebene Geld nicht zu Einkommen wird, da die Banken dieses Geld vernichten. Denn im heutigen Kreditgeldsystem führt Kredittilgung folgerichtig zum Verschwinden des zuvor für die Kreditvergabe geschaffenen Geldes. Aus diesem Grund müssen getilgte Kredite stets durch neue ersetzt werden, was z.T. ökologische Probleme erzeugt. Zum anderen wird die Differenz

---

[c] Profit wird statt für Konsum zum Kauf von Vermögensgütern verwendet. Durch Kauf von Wertpapieren fließt Profit direkt in die Finanzwirtschaft. Werden Immobilien gekauft und vermietet, stellen erst daraus resultierende Miet- oder Pachteinnahmen Kapitaleinkommen dar.

zwischen Warenpreisen und Kaufkraft durch einen Geldabfluss aus der Realwirtschaft vergrößert, den ich Profit nenne.[6] Infolge dieses Geldabflusses reicht es nicht aus, getilgte Kredite einfach durch gleich große, neue zu ersetzen. Profit erzwingt, dass getilgte Kredite stets durch größere Kredite ersetzt werden müssen. Der durch die Profitideologie erzeugte stetige Geldabfluss aus der Realwirtschaft erzwingt so ein ständiges Wachstum der Gesamtgeldmenge.

Doch folgen wir zunächst der ersten Ursache der Nachfragelücke. So wie Geschäftsbanken bei Kreditvergabe Geld schöpfen, vernichten sie es bei Kredittilgung wieder. Wegen dieser Geldvernichtung werden die in den Preisen enthaltenen Tilgungsraten nicht zu Einkommen. Infolgedessen ist die Summe der Preise notwendigerweise höher, als die Summe der aus der Produktion resultierenden Arbeitseinkommen. Ohne ständigen Geldzufluss unabhängig von Warenproduktion würde der chronische Mangel an Arbeitseinkommen zu einer permanenten Absatzkrise[D] führen, da die Summe der Arbeitseinkommen nie ausreicht, die Gesamtheit der Waren zu kaufen. Infolge des chronischen Mangels an Lohngeldern hat der Kapitalismus die Arbeitserlaubnis erfunden. Erwerbsarbeit wird zum Privileg, denn sie erlaubt, bei der Verteilung der knappen Arbeitseinkommen dabei sein zu dürfen. Menschen durch Verweigern einer Arbeitserlaubnis der Möglichkeit zu berauben für sich selbst zu sorgen, gehört zu den entwürdigenden, sozial zerstörerischen Elementen kapitalistischer Ökonomie.

Vergrößert wird die Differenz zwischen der Summe aller Preise und der Summe aller Arbeitseinkommen durch die zweite Ursache der Nachfragelücke: den Profit. Gewinne werden nach meiner Definition zu Profit, wenn sie aus der Realwirtschaft abfließen. Das geschieht, wenn Gewinnanteile weder durch Konsumausgaben der Unternehmer*innen noch durch Reinvestitionen ins Unternehmen in die Realwirtschaft zurückfließen.

Profit ist der Teil der Einnahmen, der zum Kauf von Kapitaleigentum[E] verwendet wird. Die Existenz von Finanzmärkten macht einen Abfluss von Geld

---

[D] In Zeiten von Konsumterror und Wegwerfproduktion zugleich von Absatzkrisen zu sprechen, scheint widersinnig. Tatsächlich muss dieses Problem dialektisch betrachtet werden. Absatzkrisen entstehen, da die Arbeitseinkommen nie reichen, die damit produzierte Warenmenge zu kaufen. Dem Kaufkraftmangel wird jedoch nicht durch Lohnerhöhung begegnet, sondern durch Ausweitung der Warenproduktion. Dazu werden zunehmend sinnlose und immer kurzlebigere Wegwerfprodukte hergestellt, denn ohne Wirtschaftswachstum würde der Lohnmangel zu Absatzkrisen und in der Folge zu steigender Arbeitslosigkeit führen. Hier zeigt sich ein Konflikt zwischen sozialen und ökologischen Zielen. Um die sozialen Probleme zu begrenzen, werden schnell verschleißende Konsumgüter produziert und Ressourcen sinnlos verschwendet.

[E] Kapitaleigentum ist Eigentum, das nicht selbst genutzt wird, sondern u.a. durch Vermieten oder Verpachten, aber auch durch Wertpapierhandel und andere Spekulationsgeschäfte zur Quelle leistungsloser Kapitaleinkommen wird. Zum Kapitaleigentum gehören folglich alle Arten von Wertpapieren, aber auch nicht selbst genutzte Immobilien, sowie andere spekulative Vermögensgüter wie z.B. Kryptowährungen oder Kunstobjekte.

aus der Realwirtschaft nicht nur möglich, Renditeaussichten machen ihn auch verlockend. Da Profit als Gewinnanteil nur aus betrieblichen Einnahmen gezahlt werden kann, muss er in den Preisen enthalten sein. Ob Gewinn zu Profit gemäß meiner Definition wird, entscheidet sich jedoch erst durch die Geldverwendung. In Tabelle 1 ist Profit deshalb als möglicher, aber nicht zwingender Gewinnanteil ausgewiesen, da Profit eine schwer zu fassende ökonomische Größe ist.

Profit wird oft mit Gewinn gleichgesetzt. Doch Gewinn und Profit sind nicht unbedingt identisch. Beispielsweise muss, wer freiberuflich tätig ist, jährlich eine Gewinn- und Verlustrechnung beim Finanzamt einreichen. Der in dieser Rechnung ausgewiesene Gewinn ist zunächst das Einkommen der steuerpflichtigen Freiberufler*in. Eine Aktiengesellschaft weist in ihrer Gewinn- und Verlustrechnung hingegen einen Gewinn aus, der nach Bezahlung aller im Unternehmen Tätigen, einschließlich der Manager*innen, verbleibt. Während der von freiberuflich Tätigen ausgewiesene Gewinn also deren Arbeitseinkommen darstellt, ist der von einer Aktiengesellschaft ausgewiesene Gewinn das Geld, das nach Auszahlung aller Arbeitseinkommen übrig bleibt. Der Gewinn einer AG wird zu Kapitaleinkommen, wenn er als Dividende ausgezahlt wird.

Hier zeigt sich, wie unbrauchbar der Begriff „Gewinn" für eine kreislauftechnische Untersuchung ist. Zum einen sagt der Begriff nichts über die Herkunft des Geldes aus, also nichts darüber, ob es sich um Arbeitseinkommen oder um Kapitaleinkommen handelt. Zum anderen sagt er nichts über die Verwendung aus. Erst die Verwendung von Geld entscheidet aber über seine Wirkung im Geldkreislauf; darüber ob der Kreislauf gesichert oder gestört wird. Eine realwirtschaftliche Geldverwendung (für Konsum oder Investitionen) sorgt auch künftig für Lohngelder. Eine Geldverwendung für Wertpapierkäufe oder andere Vermögenswerte lässt, wie sich zeigen wird, Lohngelder knapp werden.

Um die Wirkung von Geldflüssen im Kreislauf Schritt für Schritt untersuchen zu können, müssen wir begriffliche Klarheit schaffen. Dazu müssen wir Geldgrößen stets von zwei Seiten betrachten. Auf der Einnahmenseite unterscheide ich zwischen **Arbeitseinkommen** u n d **Kapitaleinkommen**, also zwischen Lohneinkommen, die für reale Wertschöpfung gezahlt wurden und Einkommen, die aus dem Einsatz von Geld- und/oder Sachvermögen resultieren. Auf der Ausgabenseite unterscheide ich zwischen real- und finanzwirtschaftlichen Ausgaben, also zwischen Ausgaben für **Konsum** und **Profit**. Der Kürze wegen umfasst Konsum alle Ausgaben, die für direkten Konsum, aber auch für direkte Investitionen in die Realwirtschaft zurück fließen. Profit wird hingegen zum Kauf von Vermögenswerten wie Wertpapiere oder Sachvermögen verwendet. In jedem Fall ist Profit insofern überschüssiges Geld, als es nicht für die direkte Bedürfnisbefriedigung benötigt bzw. verwendet wird. Solcherart begrifflich gerüstet, können wir uns auf den Weg machen und der Spur des Geldes folgen.

4.   Profitquelle

Feudales Geld finanziert seinen eigenen Untergang

> Das reichste Land der Welt lebt von Schulden.[A] Schon 1543, als Potosis Reichtum noch unbekannt ist, doch die ungeheure Edelmetallbeute von Cajamarca, aus der Plünderung der märchenhaften Schätze von Cuzco und anderer Städte dem spanischen Staatssäckel unerwartete Nahrung liefert, müssen 65 Prozent der Einnahmen des Hofes verwendet werden, um die Gläubiger zu befriedigen: die Fugger, Welser, Doria, Grimaldi und andere Bankhäuser Europas.
>
> Günter Ludwig[7]

Die Anfänge des Kapitalismus waren von Schweiß, Blut und Tränen geprägt. Der Manchesterkapitalismus wurde von einem entfesselten Profitstreben angetrieben. Möglich wurden die Profite durch ständige Ausweitung der Geldmenge. Nicht allein Profitstreben, sondern auch die von Lohnarbeit abhängig werdenden, wachsenden Arbeitsheere erzwangen die Ausgabe immer neuer und immer größerer Kredite. Private Profitinteressen schufen einen Anreiz – gesellschaftliche Krisen infolge Erwerbslosigkeit hingegen einen Zwang – zu ständiger Kreditausweitung. Privater Anreiz und gesellschaftlicher Zwang trugen und tragen gleichermaßen zur enormen Wandlungsfähigkeit und innovativen Kraft des Kapitalismus bei, weil neue Kredite meist hohe Profite versprechen, wenn in neue Technik investiert wird.

Während im Feudalismus Arbeit der Befriedigung der natürlichen Lebensbedürfnisse dienen sollte, zielt sie im Kapitalismus darüber hinaus auf ungebremste Geldakkumulation, denn Geldbesitz macht nun doppelt Sinn. Geld dient nicht mehr nur dem Konsum, sondern es kann im Börsenhandel auch ohne den Umweg über irgendeine Warenproduktion vermehrt werden. Kreditgeld und Börsen erzeugen die spezifische ökonomische Logik und Dynamik des Kapitalismus. Wir akzeptieren beides unhinterfragt, da beides seit Jahrhunderten existiert und nicht erst die Generationen unserer Eltern und Großeltern in dieser Logik aufgewachsen sind. Trotzdem stellt sich die Frage, wie dieses System entstehen konnte? Wie konnte die ökonomische Logik sich so tiefgreifend verändern? Wie

---

[A]   Der spanische Staat finanzierte seinen Luxus durch die Ausplünderung der amerikanischen Gold- und Silbervorkommen. Er gab Geld aus, bevor die Schiffe voller Gold und Silber in den spanischen Häfen ankamen. Infolgedessen flossen große Mengen dieser Edelmetalle zur Schuldtilgung in die Truhen einiger weniger Dynastien von Großkaufleuten. Mitglieder dieser Dynastien hatten als Kaufmannsbankiers umfangreiche Staatskredite vergeben, für die sie als Wechselgebühren getarnte Zinsen in meist beachtlicher Höhe kassierten.

konnte aus der feudalistischen, auf Bedürfnisbefriedigung orientierten Ökonomie die kapitalistische, auf Profitakkumulation orientierte Ökonomie entstehen?

Im Frühkapitalismus ab dem 15. Jh. war die freie Münzprägung des Adels und Klerus[B] die Quelle des Profits. Wenn Kaufleute aus dem nahen und fernen Osten und von den afrikanischen Küsten des Mittelmeeres mit exotischen Waren zurückkamen, verkauften sie ihre Luxusgüter vorzugsweise an den zahlreichen Höfen Europas oft für ein Mehrfaches des Einkaufspreises. Die hohen Preise schienen durch die hohen Transportkosten und die hohen Verluste während des Transportes sowie die zahlreichen Wegesteuern gerechtfertigt. Doch im Allgemeinen überstiegen die Einnahmen sämtliche Ausgaben deutlich. Mit Pfeffer ließ sich damals so viel Geld verdienen, dass reiche Leute Pfeffersäcke genannt wurden. Folglich begann durch Fernhandel verdientes Geld die Truhen der Kaufleute nach und nach zu füllen. Möglich war das, weil Geldschöpfung durch Münzprägung völlig unabhängig von der Warenproduktion stattfand.

Münzherren ließen oft so viele Münzen prägen, wie es das vorhandene Edelmetall hergab. Diese freie Münzprägung ermöglichte es dem spanischen Hof nach der Eroberung Amerikas etwa eineinhalb Jahrhunderte lang Luxusgüter zu finanzieren, die wie das Münzmetall überwiegend aus dem Ausland kamen.

Was Adel und Klerus an Münzgeld in die Welt setzten, wurde von den Kaufleuten jedoch nicht nur gehortet. Da Europa damals wenig produzierte, was im Ausland Absatz fand, mussten Kaufleute begehrte Luxusgüter im Ausland mit Münzgeld bzw. Edelmetall bezahlen. Feudales Münzgeld diente (genau wie in der Bronzezeit, als das Metallgeld entstand) zunächst dem Fernhandel. Folglich war das mittelalterliche Geld zunächst Handelskapital. Nicht nur antike römische Münzen, sondern auch mittelalterliche europäische Münzen werden deshalb bei archäologischen Grabungen oft außerhalb Europas, weit entfernt von den Prägeorten gefunden. Infolge des stetigen Geldabflusses ins Ausland wuchs die europäische Münzmenge nicht kontinuierlich durch ständiges Prägen neuer Münzen. Vielmehr bewirkten unkoordinierte Zu- und Abflüsse von Geld eine schwankende Geldversorgung. Stabilisiert wurde die Wirtschaft, weil große Bereiche noch von Selbstversorgung oder direktem Tauschhandel geprägt waren. Doch das Gleichgewicht zwischen Münzprägung und Münzabwanderung war fragil. Als die freie Münzprägung infolge knapper werdender Edelmetalle Anfang des 14. Jhs. zu schrumpfen begann,[8] geriet der Frühkapitalismus in eine Krise. Durch eine Kette von Ereignissen, an deren Anfang der überschuldete englische Hof stand, kam es Mitte des 14. Jhs. in Florenz zum Bankrott.

[B] In deutschen Landen war das Münzrecht durch die Kleinstaaterei stark zersplittert. Hier besaß der Kaiser kein Münzmonopol. Fürsten und Bischöfe (Kleriker) waren eigenständige Münzherren. Später erwarben auch Städte das Recht, Münzen zu prägen. Darüber hinaus konnten alle, die Münzmetall besaßen, daraus in den offiziellen Münzstätten Münzen prägen lassen.

Die Peruzzi wissen, was jetzt geschehen wird. Sie warten den Ansturm ihrer Gläubiger erst gar nicht mehr ab, sondern erklären Ende Oktober [1343] ihren Bankrott und übergeben die Geschäftsbücher der Stadt. ... Auch die beiden anderen großen Handelshäuser der Stadt brechen zusammen: die Acciaiuoli im Oktober 1343, die Bardi im April 1346.

In Italien, dem Land in dem die Entwicklung des Kreditgeldes vom Münzwechsel zum Eigenwechsel ihren Anfang genommen hatte, gefährdete dieser Zusammenbruch ein Ausreifen des Kreditgeldsystems. In der Kinderstube des Kapitalismus drohte das neue Wirtschaftssystem den Kindstod zu sterben. Doch die Idee, mit Geld Geld um des Geldes willen zu verdienen, war nicht mehr aus der Welt zu schaffen. Allerdings lag dieser Idee, wie bereits erwähnt, der Bedarf an Handelskapital für den Fernhandel zugrunde. Europas Mangel an Gütern, die auf den asiatischen und afrikanischen Märkten Nachfrage fanden, hatte zur Folge, dass Münzgeld ein notwendiges Arbeitsmittel für die Fernhandelskaufleute war. Aus der spezifisch europäischen Notwendigkeit Edelmetall für den Fernhandel zu benötigen, erwuchs vor dem Hintergrund des christlichen Zinsverbots das spezifisch europäische Kreditsystem mittels Rückwechsel.[9]

Solange der Adel das Geld für seinen Luxusbedarf durch eigene Münzprägung schuf und den Geldabfluss ins Ausland sowie in die Truhen der Kaufleute durch Erzgewinnung und neue Münzprägung ausgleichen konnte, funktionierte die Geldversorgung irgendwie. Aus den Fugen geriet dieses System zum einen durch Erzmangel, in besonderer Weise aber durch den gewaltigen Erzzufluss aus Amerika. Der im 16. Jh. einsetzende Zufluss an Edelmetall ermöglichte eine enorme Ausweitung der Münzprägung. Dadurch schwollen die Geldhorte in den Truhen der Kaufleute an. Sie begannen nach neuen Anlagemöglichkeiten für dieses Geld zu suchen. Das setzte die Dynamik des Kapitalismus in Gang.

Neben Kredite für den Fernhandel traten Kredite für den Adel und in Italien auch für die Städte. Der Staat wurde als Rentenzahler entdeckt. Die Zinsen auf Staatsschulden verschafften denen, die diese Schuldscheine besaßen, oft dauerhafte Einnahmen. So bezogen jene, die dem Staat ihr überschüssiges Geld verleihen konnten, aus den Steuern der Allgemeinheit eine Rente als Kapitaleinkommen. Auf lange Sicht förderten das amerikanische Gold und Silber nicht den Reichtum des Adels, sondern den der Kaufleute. Zwar wurden die Münzen noch frei geprägt, doch dienten sie in immer größerem Umfang nur noch zum Bezahlen der Schulden.[10] Insbesondere der spanische Hof lebte bedenkenlos auf Pump, nicht ahnend, dass er für seinen Luxus doppelt und dreifach bezahlen musste. Die selbst ernannten Eigentümer der eroberten Gebiete westlich des Atlantiks gaben Geld aus, in Erwartung künftiger Gold- und Silberlieferungen aus der „Neuen Welt". Diese Staatskredite wurden mit Wechseln abgewickelt. Diese Wechsel wurden mit all den anderen Handelswechseln auf den großen Messen verrechnet. Da der Staat keinen Handel trieb, musste er, anders als die Mehrheit der Kaufleute, seine Wechsel in klingender Münze bezahlen. Durch Kreditrückzahlungen der Spanier flossen im 16. und 17. Jh. so gewaltige Mengen an Gold und Silber in Europas Wirtschaft. Auch die Fugger waren im lukrativen Kreditgeschäft mit dem spanischen Hof aktiv. Fuggers Hauptbuchhalter Matthäus Schwarz resümiert in seinen Hinterlassenschaften:

> Interesse [Zins, d.A.] ist höfflich gewuchert, Finantzen [Finanzgeschäfte treiben, d.A.] ist hofflich gestolen[11]

Finanzgeschäfte mit den Staaten versprachen nicht nur enorme Profite, sie lieferten den Treibstoff für die sich entwickelnde kapitalistische Profitwirtschaft. Durch Rückzahlung von Staatsschulden floss immer neues Münzgeld in die Truhen der Kaufleute. Möglich wurde das Rückzahlen immer größerer Staatskredite durch das Ausplündern der amerikanischen Erzlagerstätten.

Das historische Zusammentreffen der Entwicklung des Kreditgeldes im christlichen Abendland (im 14. Jh.) und der etwas zeitverzögerten Eroberung und Plünderung Amerikas durch europäische Christen (ab dem 16. Jh.) ermöglichte im 16. und 17. Jh. eine mehr oder weniger kontinuierliche Profitakkumulation. Gigantische Geldvermögen sammelten sich in dieser Zeit in wenigen Händen. Als es 1557 zu einem ersten, fast europaweiten Staatsbankrott kam,[12] konnte nichts und niemand die Idee aus der Welt schaffen, wirtschaftliche Aktivitäten müssen in jedem Fall mehr Geld einbringen als sie erforderten. Vor allem Staatskredite brachten viel mehr Geld ein, als sie kosteten. Deshalb konnte Spanien im 16. und 17. Jh. trotz wiederholter Staatsbankrotte[13] immer wieder neue Kredite aufnehmen. Zwar schlugen Verluste bei Einzelnen schwer zu Buche, doch waren andere zuvor an den Krediten reich geworden.

Als der Holländer Piet Hein 1627 aber mit seiner Flotte 22 von 30 Schiffen einer spanischen Silberflotte eroberte und damit umgerechnet 11-15 Mio. Gulden erbeutete, war der Kredit der spanischen Krone aufgebraucht. Diese Seeschlacht löste den 5. spanischen Staatsbankrott aus.[14] Danach nahmen die Edelmetalle aus Amerika ihren Weg nach Europa über die heutigen Niederlande und das heutige Großbritannien. Spanien versank in Armut, denn es hatte das ins Land strömende Geld nicht genutzt, um die eigene Wirtschaft zu beleben, sondern nur dazu, mit importiertem Gold und Silber den Import von Luxusgütern aus aller Welt zu bezahlen. Als der Geldstrom versiegte, kam alles zum Stillstand. Das Land verharrte im Mittelalter. Doch Spanien war die Amme des Frühkapitalismus gewesen. Seine feudale Geldschöpfung hatte gut ein Jahrhundert lang stetige Profite gespeist. Dieses feudale Geld ermöglichte den Aufstieg des Bürgertums und verfestigte zugleich die Kernidee des Kapitalismus, durch Investieren von Geld mehr Geld verdienen zu können.

Mit seiner feudalen Geldschöpfung sowie seiner Kreditaufnahme beim erwachenden Bürgertum betrieb der Adel unwissentlich und ungewollt seine eigene Enteignung. Die Geldschöpfung erfolgte ohne jede Geldtheorie und die Kreditaufnahme ohne das geringste Interesse für Krämergeschäfte. Im Zuge von Kreditrückzahlungen wanderten im Laufe der Jahrhunderte nicht nur Geld, sondern auch Sachvermögen aus den Händen des Adels in die des Bürgertums. Solange beim Adel etwas zu holen war, blieb die ökonomische Idee des aufstrebenden Bürgertums unhinterfragt. Vielmehr wurde sie durch den Erfolg fortwährend bestätigt. Thomas Joseph Dunning, im 19. Jh. englischer Gewerkschaftsfunktionär, bringt das Credo des Kapitalismus auf den Punkt:

> Das Kapital hat einen [H]orror vor Abwesenheit von Profit, oder sehr kleinem Profit, wie die Natur vor der Leere.[15]

Dank des unentwegt Geld ins System pumpenden spanischen Hofs konnte der Kapitalismus (genährt wie von einer Amme) seine Kinderstube in Italien verlassen. Die brutale Ausbeutung der amerikanischen Edelmetalllagerstätten für die feudale europäische Münzprägung ließ die kapitalistische Idee in ganz Europa Fuß fassen. Die mittlere Reife erlangte der Kapitalismus schließlich in England unter ganz anderen Bedingungen. Dort war die ursprüngliche Quelle des Profits, die feudale Geldschöpfung, bereits nahezu versiegt.[16] Das Bürgertum war in England Mitte des 17. Jhs. bereits so stark, dass es dem König Charles I. eine Geldschöpfung durch Münzprägung untersagen konnte. Das wohlhabende Bürgertum wollte keine feudale Geldvermehrung. Es wollte selbst die Kontrolle über die Geldvermehrung erlangen. Dazu wurde Ende des 17. Jhs. in London die Bank von England von Kaufleuten als erstes kapitalistisches Kreditinstitut gegründet. Mit den Banknoten wurde das Kreditgeld der Kaufleute im Laufe der nächsten Jahrhunderte zu allgemeinem Zahlungsmittel. Gänzlich unbemerkt verschwand mit dem feudalen (schuldfrei geprägten) Münzgeld zugleich die ursprüngliche Profitquelle. Anhaltende Profiterwirtschaftung erfordert seitdem eine ständige Ausweitung der Geldmenge durch Kreditausweitung.

Die Evolution des Geldsystems erzeugte so den spezifisch kapitalistischen Wachstumszwang. Wann genau die (schuld-)freie Münzprägung der Feudalherren endete, darüber finden sich in der ökonomischen Literatur interessanterweise keine genauen Daten. Sie verschwand ähnlich wie die Golddeckung[17] in aller Stille. Sicher ist, dass freie Münzprägung in Europa 1914, zum Beginn des 1. Weltkrieges nicht mehr stattfand. Damit war die Urquelle des Profits versiegt. Da es nun nur noch kapitalistisches Kreditgeld gab, konnten auch Profite nur noch aus kapitalistischer Kreditgeldschöpfung entspringen. Seitdem sind die Profite von heute nichts anderes als die Schulden von morgen. Solange diese monetäre Evolution nicht verstanden wird, bleiben Zusammenhänge unverständlich und Lösungen scheinbar unmöglich.

Ab dem 14. Jh. hatte die Kernidee des Kapitalismus, aus Geld mehr Geld zu machen, nach und nach eine beeindruckende kreative Entwicklung in Gang gesetzt. Ausgangspunkt war die Akkumulation von Handelskapital für den Fernhandel. Der Fernhandel weitete auch den geistigen Horizont. Er transportierte nicht nur neue Waren, sondern auch neue Ideen nach Europa. Er initiierte nicht nur Entwicklungen im Kreditwesen, sondern durch Wiederentdeckung antiker Wissenschaften auch eine technische Revolution. In der Folge blühten ab dem 15. Jh. Kunst und Wissenschaft neu auf. Manufakturen entstanden und die festgefügte Ordnung des Feudalismus begann sich aufzulösen.

Doch mit dem Feudalismus verschwand auch das feudale Geld, die ursprüngliche Profitquelle der Kaufleute. Diese, aus der alten Ordnung sprudelnde Geldquelle, hatte Jahrhunderte lang die Truhen der Kaufleute mit immer größeren Münzmengen gefüllt. Die dadurch gewachsenen Geldvermögen befähigten die Kaufleute zu immer gewagteren Unternehmungen. Die Aussicht auf Mehreinnahmen beflügelte sie, alte Grenzen und Glaubensgebäude nieder zu reißen. Schließlich musste auch das Ancien Régime, das politische System des Feudalismus, der Macht des Bürgertums weichen. Dass die neuen bürgerlichen Herren der Welt mit dem Feudalsystem zugleich die Quelle ihres Reichtums zerstörten, kam ihnen nicht zu Bewusstsein, denn das Kreditgeldsystem war von keinem erdacht und auch von niemandem durchdacht worden. Es hatte sich über Jahrhunderte hinweg aus einer Reihe historischer Zufälligkeiten und Krisen entwickelt, immer nur darauf bedacht, für das gerade vor Augen stehende Problem innerhalb der gerade gegebenen Verhältnisse eine Lösung zu finden.

Dass der Kapitalismus nach dem Versiegen seiner ursprünglichen Profitquelle nicht zusammengebrochen ist, verdankt er seiner enormen Wandlungsfähigkeit. Denn nach dem Erreichen der mittleren Reife in England, begann dort, unterstützt durch die neuen Möglichkeiten der Kreditgeldschöpfung, die Industrialisierung. Mit dem daraus erwachsenden, stetig anschwellenden Geldbedarf entstand eine neue Profitquelle. Da Geld nun durch Kreditaufnahme geschaffen wurde, wurde mit jedem neuen Kredit auch Geld für möglichen Profit geschöpft. Kreditausweitung und daraus folgendes ständiges Geldmengenwachstum wurde die Droge, die den Kapitalismus zu Höchstleistungen antrieb, ohne die er jedoch nun auch nicht mehr existieren kann. Wie ein Süchtiger geriet der Kapitalismus durch jedes Stagnieren oder Schrumpfen der Geldmenge in immer neue Krisen. Je mehr Menschen von Lohnarbeit abhängig wurden, desto verheerendere Auswirkungen hatten die Krisen auf das tägliche Leben der Lohnabhängigen. Es entstand ein Bewusstsein dafür, dass der Staat für das Funktionieren des Geldsystems Sorge tragen muss. Wie aber soll er das notwendige Geldmengenwachstum in Gang halten?

5.　Innovationskraft

Kreatives Potential wird zum destruktiven Zwang

> Die treibende Kraft in diesem System ist die Idee,
> dass man Geld investiert, damit hinterher mehr Geld
> herauskommt. Wenn dies kein Schneeballsystem sein
> soll, bei dem sich das Vermögen nur auf dem Papier
> vermehrt, dann muss gleichzeitig die Gütermenge
> steigen.
>
> Ulrike Hermann[18]

Mit dem Untergang des Ancien Régime (dem Ende des Feudalsystems) versiegte auch die freie Münzprägung. Doch mit der Profitquelle verschwand nicht zugleich die Profitidee. Da der Kapitalismus diesen Wandel nicht nur überlebte, sondern nach dem Sprengen der feudalen Fesseln erst richtig an Kraft gewann, muss er eine neue Profitquelle gefunden haben.

Tatsächlich erschuf die einsetzende Industrialisierung ihre eigene Profitquelle, denn die Industrialisierung erforderte Investitionen. Maschinen mussten gebaut oder gekauft werden, bevor sie mit der Warenproduktion beginnen konnten. Investitionen führen daher immer erst zeitverzögert zu einem Warenangebot, denn Unternehmen müssen erstmal Geld ausgeben, bevor sie, durch Verkauf von Waren, Geld einnehmen können.

Bald wurden gigantische Geldmengen nötig um den Bau der Eisenbahnnetze, der Telegrafennetze, der Stromnetze und all der Fabriken, die dafür nötig waren, zu finanzieren. Zum Decken dieses Geldbedarfs standen ab dem 19. Jh. immer mehr Notenbanken zur Verfügung. Sie konnten auf Kreditanfragen mit Geldschöpfung reagieren und so theoretisch jede beliebige Summe bereitstellen. Die Geldschöpfung der Notenbanken war allerdings durch deren Pflicht zur Einlösung ihrer Banknoten in Gold an die vorhandenen Goldbestände gebunden.[19] Eine Kopplung an vorhandene Warenbestände gab es hingegen nicht. So kam durch Geldschöpfung für Investitionen mehr Geld in Umlauf als für die direkte Warenproduktion an Löhnen ausgezahlt wurde. All die Arbeitskräfte, die für den Bau von Fabriken, Maschinen und Infrastrukturnetzen Löhne ausgezahlt bekamen, erhielten Einkommen, die nicht aus direkter Warenproduktion resultierten.

Genau das nicht durch Warenproduktion gedeckte Geld machte es möglich, die produzierten Waren mit Profit zu verkaufen. Geld, das für den Bau von Produktionsmitteln aus dem Nichts geschöpft worden war, bildete die Quelle der Mehreinnahmen, die das Wunder bewirkten, aus Geld über den Umweg der Waren mehr Geld werden zu lassen.

Die Kreditkosten für die Maschinen und Anlagen wurden nach deren Inbetriebnahme auf Jahre verteilt, in Raten auf die Warenpreise aufgeschlagen. Bereits im Umlauf verfügbare Kaufkraft wurde so erst nach und nach, über Jahre verteilt, auf die Preise aufgeschlagen. Die Investitionskredite schufen so die Voraussetzung für die durch Warenverkauf erwirtschafteten Profite. Dieses kapitalistische Finanzierungsprinzip gilt bis heute.

Die Zeitspanne zwischen der Geldschöpfung durch Investitionskreditaufnahme und der erst später stattfindenden Geldvernichtung durch Kreditrückzahlung erlaubt es seitdem Profite zu machen. Während im Feudalismus Mehreinnahmen durch ständig neue Münzprägung entstanden, werden kapitalistische Profite aus Krediten gespeist, die erst morgen zurückgezahlt werden müssen. Dieses Geld kann die Nachfragelücke schließen, die zwischen der Summe der Warenpreise und der dafür gezahlten Arbeitseinkommen klafft.

In Tabelle 1, S. 11 wurde gezeigt, dass eine Nachfragelücke entsteht, weil der Geldkreislauf zwei Lecks aufweist. Betriebliche Ausgaben für die Kredittilgung werden nicht zu Einkommen und Profit wird nicht als Kaufkraft für Waren genutzt. Diese Nachfragelücke kann durch immer neue Produktionsvorlaufkosten (immer neue Investitionskredite) geschlossen werden, weil dadurch Arbeitseinkommen gezahlt werden, ohne dass damit zugleich entsprechende Waren auf den Markt gelangen. Das System gerät jedoch sofort in die Krise, wenn diese Geldschöpfung losgelöst von Warenwertschöpfung nicht mit der Geldvernichtung durch Kredittilgung Schritt hält, denn Profite sind nur dann möglich, wenn parallel zur Rückzahlung alter Kredite neue, größere Kredite vergeben werden. Nur eine stetig wachsende Geldmenge ermöglicht den Warenabsatz zu Preisen, die über den Produktionskosten liegen.

Im Kapitalismus ist es also nicht nur möglich, Investitionen mittels Kreditgeld zu finanzieren; es sind immer neue, immer größere Investitionen notwendig, um den Geldkreislauf in Gang zu halten. Infolgedessen ermöglicht das kapitalistische Kreditgeldsystem nicht nur gigantische Innovationen umzusetzen, es erzwingt immer neue und immer größere Innovationen regelrecht, um eine fortwährende Ausweitung der Geldmenge in Gang zu halten.

Da während der beginnenden Industrialisierung große Investitionskredite für große Profite sorgten, trieb sich der Kapitalismus, wenn auch stotternd, fortwährend selbst zur Entwicklung immer neuer Technik und immer neuer Produkte an. Solange der notwendige Geldbedarf für die angestrebte Industrialisierung wuchs, befand sich die Wirtschaft im Aufschwung. Immer wenn der Geldbedarf sank, weil existierende Märkte gesättigt und geweckter Bedarf befriedigt war, geriet das System in die Krise. Doch die kapitalistische Idee – Investitionen müssten mehr einbringen als sie kosten – wurde nie in Frage gestellt.

Die ökonomische Dynamik des Kapitalismus hat inzwischen Arbeitsheere von Lohnabhängigen geschaffen. Das mit der Industrialisierung entstandene Proletariat kämpft seitdem für den Fortbestand eines Systems, das das soziale Leben genauso wie die Umwelt ruiniert.[A] Die Arbeitskämpfe sorgen mit dafür, dass das durch die Profitideologie in Gang gesetzte Kettenbriefsystem – in dem alte Kredite stets durch neue, größere ersetzt werden müssen – nicht zusammen bricht. Um zu verhindern, dass ihre Arbeitsplätze verschwinden, wollen auch die Lohnabhängigen ohne ökologische Rücksichten immer neu produzieren. Der Bau der Teslawerke in Brandenburg ist symptomatisch für den in jeder Beziehung selbstzerstörerischen Konflikt zwischen dem Kampf um Arbeitsplätze und dem Kampf um den Schutz der Umwelt. Das WDR-Hörspiel „Heut liegt was in der Luft"[20] beschreibt diesen Konflikt satirisch-unterhaltsam. Doch nicht den Lohnabhängigen ist ein Vorwurf zu machen. Monetäre Zwänge sind dafür verantwortlich, dass sich soziale und ökologische Ziele kaum vereinbaren lassen.

Zu investieren war durch das Sprengen der feudalen Ketten möglich geworden. Zu diesen feudalen Ketten gehörten neben der feudalen Geldschöpfung auch die Zunftordnung, der Ständestaat und die geistige Vorherrschaft der Kirche. Doch im kapitalistischen Kreditgeldsystem wurde aus der Lust am Entdecken ein Zwang zur Innovation. Die Freiheit der Forschung ist heute oft nur noch ein schöner Traum. Vielfach muss sich die Wissenschaft den Profitinteressen unterordnen. So hat Big-Pharma in chronischen Krankheiten einen fatal profitablen Markt entdeckt. Regelmäßige Impfungen passen gut in das Geschäftsmodell. Wegen des Zwangs zur Kreditausweitung kann eine Marktsättigung – infolge der Begrenztheit des natürlichen Bedarfs – nicht zugelassen werden. Immer neue Bedürfnisse sollen immer neue Produkte erforderlich machen.

Der Kapitalismus ist heute vor allem kreativ, weil er kreativ sein muss, denn es muss immer mehr Geld für Investitionen in Umlauf gebracht werden. Deshalb müssen ständig neue Investitionsmöglichkeiten ge- bzw. erfunden werden, um die Geldschöpfung stetig in Gang zu halten. Profitstreben in Kombination mit Kreditgeldschöpfung ist die Quelle des kreativen wie des destruktiven Potentials des Kapitalismus.

Das destruktive Potential zeigte sich deutlich während des 1. Weltkriegs. Diese Materialschlacht war die grausige Konsequenz eines Wirtschaftssystems, das nur existieren kann, wenn es immerzu immer mehr produziert. Auf den Krieg folgten Inflation und Deflation. Der rasche Wechsel zwischen inflationärer Geldentwertung (während der Hyperinflation 1923) und bald folgendem deflationärem Geldmangel (nach der Bankenkrise 1931) führt erst zur Enteignung des Mittelstandes und dann zur Verelendung der erwerbslos gewordenen Bevöl-

---

[A] Da in der kapitalistischen Ökonomie der Städte Geld notwendig für Konsum ist, sind viele Lohnabhängige den Erwerbszwängen ohnmächtig ausgeliefert und gezwungen, die herrschenden Arbeitsverhältnisse zu akzeptieren. Wenn Löhne unter das Existenzminimum sinken, verliert Arbeit jedoch ihren Sinn, da sie dann kein selbstbestimmtes Leben mehr ermöglicht.

kerung. Die Erwerbslosigkeit trieb die von Lohngeldern abhängigen Menschen aus existenzieller Not dazu, sich für einen noch verheerenderen Krieg rekrutieren zu lassen. Beides – Inflation und Deflation – zerstörte die Gesellschaft bis ins Mark. Ethische und moralische Grundsätze wurden vom Elend der entwurzelten Menschen aufgefressen. Diese soziale Verwüstung bereitete den Boden für den Nationalsozialismus. Beides verdeutlicht, wie planlos Politik und Wirtschaft agierten. Die Geschichte offenbart, welche verheerenden gesellschaftlichen Folgen das Fehlen einer realitätsnahen Geldtheorie hat.

Doch noch barg der Kapitalismus gewaltige Potentiale. Auf den Trümmern des 2. Weltkriegs gedieh eine Gesellschaft, die Wohlstand für alle versprach. Durch technische Neuerungen wurden Konsumgüter entwickelt, die unser aller Leben seitdem grundlegend verändert haben und heute nicht mehr wegzudenken sind. Investitionskredite ermöglichten es, eine ungeheure Produktion von Kühlschränken, Fernsehern, Waschmaschinen, Automobilen, Stereoanlagen, Videorecordern, CD-Playern, Laptops, E-Bikes etc. in Gang zu setzen. Mit dem dadurch geschaffenen und in Umlauf gebrachten Geld wurden zugleich viele neue Arbeitsplätze geschaffen.

Dank der umfassenden Konsumgüterproduktion entstand ein neuer breiter Mittelstand, der sich private Vermögen erarbeiten konnte. Zugleich ermöglichten immer neue Investitionskredite den Unternehmen ihre Erzeugnisse mit Profit zu verkaufen. In der Phase des Wirtschaftswunders entfaltete der Kapitalismus auf diese Weise sein kreatives Potential scheinbar ohne Nebenwirkung.

Doch das Krisenpotential des Kapitalismus war nicht verschwunden. Es wurde durch einen anhaltenden Bedarf an Investitionskrediten nur verschleiert. Der Wiederaufbau nach dem verheerenden Krieg und technische Innovationen legitimierten eine ständige Ausweitung der Geldmenge. Da diese Ausweitung der Geldmenge durch private Kreditaufnahme für Investitionen betrieben wurde, erschien der Kapitalismus in Deutschland in den 1950er und 1960er Jahren krisenfrei. Allerdings schlummerte der Drache der chronischen Dauerkrise nur. Diesem Schlummer sowie dem Erwachen des Drachens und dem fortwährenden, doch immer sieglosen Kampf gegen ihn, wird im Kapitel 8: *Geldkreislauf* nachgegangen.

Angetrieben von Profitstreben, sind Unternehmen immer auf der Suche nach neuen, Rendite versprechenden Investitionsmöglichkeiten. Daraus erwächst die Dynamik des Kapitalismus, die sich in ihrem kreativen wie destruktiven Potential grundlegend von der Dynamik des Feudalismus unterscheidet. Aber entspringt Profitstreben wirklich nur nackter Gier, wie gemeinhin angenommen wird? Oder folgt das Streben nach Profit im Kern einer sinnhaften Logik? Dieser Frage soll exemplarisch an einem ganz konkreten Beispiel nachgegangen werden.

6.   Profitstreben

Vor der Gier kommt der Selbstschutz

> Im Gegenteil, der drohende wirtschaftliche Ruin bei Junkers
> mobilisierte einflußreiche Wirtschaftskräfte, sich des Dessau-
> er Unternehmens als künftiger Rüstungsschmiede zeitgerecht
> zu versichern, indem Junkers entweder aufgekauft oder durch
> Kreditaufnahme abhängig gemacht werden sollte.
>
> Olaf Groehler[21]

Falls der Name Junkers Assoziationen hervorruft, dann werden es Gedanken
an Kampfflugzeuge sein. Dass Hugo Junkers sich mit seinen Flugzeugwerken
nicht an der Aufrüstung für den 2. Weltkrieg beteiligen wollte, wissen sicher die
wenigsten. Bei der ersten Verabschiedung deutscher Ozeanflieger aus seiner
Produktion im August 1927 erklärte er:

> „Wir müssen Flugzeuge benutzen, um die Völker einander näher zu bringen ...
> Statt die Flugzeuge mit Kriegsmitteln auszurüsten, wollen wir sie mit den Waffen
> des Friedens und der Menschlichkeit ausstatten. Die Junkers-Flugzeuge sollen
> dann, wenn sie amerikanischen Boden berühren, Sendboten des Friedens
> sein ..."[22]

Junkers gehörte dem liberalen Bürgertum an und war wie Albert Einstein,
Max Liebermann, Walther Rathenau ... Mitglied der Deutschen Demokratischen
Partei.[23] Seine Abneigung gegen Kriegsproduktion hatte sich erst nach dem Ende
des 1. Weltkriegs herausgebildet. Davor hatte er Kriegsflugzeuge gebaut und
durch sie vom Krieg profitiert.

> Doch der Ausgang und die Folgen des ersten Weltkrieges gefährdeten sein ge-
> samtes Lebenswerk. Binnen weniger Monate dezimierte sich der Umfang seiner
> Unternehmungen ...[24]

Die Zahl seiner Beschäftigten sank von über 2.000 am Ende des Krieges auf
200 im Jahr 1921. Auch sah er sich durch die Interalliierte Militär-Kon-
troll-Kommission in seiner Forschung behindert. Hatte er 1914 (wie viele andere) Krieg noch als eine Triebkraft für Forschung und Entwicklung angesehen,
sah er am Ende des 1. Weltkriegs

> die ungeheure Vergeudung menschlichen und wissenschaftlichen Potentials so-
> wie die Zerstörung ungeahnten Ausmaßes.[25]

Er wollte seinen Betrieb nicht erneut auf Kriegsproduktion umstellen. Als die
Nationalsozialisten Hugo Junkers direkt nach ihrer Machtübernahme 1933 zwingen wollten alle seine Patente zu übergeben, weigert er sich. Darauf reagierte die
neue Staatsmacht, frei von tradiertem Rechtsempfinden, mit der Verhaftung sei-

ner leitenden Mitarbeiter. Auch Junkers selbst wurde Freiheitsbeschränkung auferlegt.[26] Der Staat griff zu politischen Zwangsmaßnahmen, weil vorausgegangene ökonomische Übernahmestrategien erfolglos geblieben waren.

Die Hoffnung auf Übernahme der Flugzeugwerke, um sie entgegen den Interessen ihres Gründers und Eigentümers Hugo Junkers auf Kriegsproduktion umstellen zu können, war 1930 groß gewesen. Damals waren die Flugzeugwerke in finanzielle Schwierigkeiten geraten. Ein 10 Millionen Mark Kredit schien notwendig, um das Unternehmen zahlungsfähig zu erhalten. Hätte Junkers damals einen Bankkredit aufgenommen, wäre er dadurch in Abhängigkeit von den Banken geraten. Bisher hatte Junkers seinen

> Konzern in allen seinen Teilen auf Eigenfinanzierung aufgebaut...[27]

Gerade in einer Situation, in der er immer massiver vom Militär gedrängt wurde Kriegsflugzeuge zu bauen, wollte Junkers sich auf keinen Fall in die Abhängigkeit von Banken begeben. Deshalb entschloss er sich, seine Fabrik für Gasbadeöfen und Warmwasseranlagen zu verkaufen, um seine Flugzeugwerke weiter von Fremdfinanzierung und dem damit verbundenen Einfluss der Banken frei zu halten. Seine Konkurrenz sowie das deutsche Militär hatten zu früh gehofft, seine Fabriken übernehmen zu können. Erst den Nationalsozialisten gelang es, Junkers durch Missachtung jeden Rechts zu enteignen. Zur Verschleierung dieses Unrechts richteten sie Hugo Junkers, als er 1935 76-jährig starb, ein Staatsbegräbnis aus. Sein Name hatte Klang in der internationalen Welt der Luftfahrt. Unter seinem Namen wurden, entgegen seinem Willen, wieder Kriegsflugzeuge gebaut. Infolgedessen ist der Name Junkers bis heute mit deutscher Rüstungsproduktion verbunden.

Interessant an diesem Schicksal ist das Scheitern der ökonomischen Übernahmeversuche. Der Fall Junkers soll zeigen, dass Eigenkapital Unternehmen vor fremder Einflussnahme durch Banken oder private Kapitalgeber*innen retten kann. Nur durch Verzicht auf jede Art Fremdfinanzierung kann ein Unternehmen seine Entscheidungsfreiheit bewahren. Infolgedessen haben Unternehmen ein existenzielles Interesse, Eigenkapital zu bilden. Banken können kreditfinanzierte Unternehmen jederzeit durch Entziehen des Kredites in Zahlungsschwierigkeiten bringen. Ein Beispiel aus der jüngeren Geschichte ist der Fall des einstigen Medienkonzerns Kirch Media GmbH & Co. KGaA. Indem die Deutsche Bank die Kreditwürdigkeit dieses Unternehmens anzweifelte, machte sie es faktisch kreditunwürdig. Kirch Media musste daraufhin 2002 Insolvenz anmelden. Die Konkurrenz auf dem Medienmarkt wird sich gefreut haben. Durch ein plötzliches Aufkündigen von Krediten können Banken jedes Unternehmen in den Ruin treiben, völlig unabhängig von dessen wirtschaftlicher Solidität. Ähnlich wie im Fall Junkers versuchte die Konkurrenz der Bionade-Entwickler nach dem

hipp werden dieser Marke, das Unternehmen aufzukaufen. Umfangreiche Fir-
menkredite, infolge der langen Vorlaufkosten bis zum Markterfolg der Bionade,
machten das Unternehmen angreifbar. Der Angriff einer Bank erfolgte bezeichnenderweise nicht in Zeiten der Krise, sondern nach Einsetzen des Erfolgs.

> Der Umsatz mit der Limo steigt, Stück für Stück tragen sie die restlichen alten
> Schulden ab, bei Lieferanten wie Finanzamt, auch bei den Banken. ... Ein, zwei
> Jahre noch, so hofften sie damals, dann hätten sie die finanzielle Situation endlich
> im Griff. Dann wären sie alle Alt-Schulden los.[28]

Mit dem Erfolg der Bionade stieg das Interesse der Konkurrenz an dem Unternehmen. Die Bionade-Entwickler wollten jedoch ihre Unabhängigkeit bewahren. Nach Jahren kostenfressender Entwicklungsarbeit wollten sie selbst die
Früchte dieser entbehrungsreichen Zeit ernten. Da forderte eine kleine Dorfbank
die sofortige Zahlung von Restschulden im Umfang von 35.000 Euro. Das war
die Höhe der Grundschuld, die bei dieser Bank auf das Brauerei-Gebäude einge-
tragen war. Sollte die Firma nicht zahlen, konnte die Bank das Unternehmen
zwangsversteigern.[29] Ähnlich wie im Fall Junkers frohlockte die Konkurrenz und
hoffte auf den Zuschlag. Anders als Junkers, unterschätzten die „Dorfbrauer"
den Ernst der Lage. Andere Banken sprangen auf den fahrenden Zug auf. Plötzlich waren 670.000 Euro sofort fällig. Nach zähen Verhandlungen fand das Unternehmen mit RhönSprudel einen Teilhaber. Die Zwangsversteigerung konnte
so abgewendet werden, aber die Eigenständigkeit des Unternehmens ging trotzdem verloren. Da Fremdfinanzierung die Entscheidungsfreiheit einer Unterneh-
mensleitung mehr oder weniger einschränkt, liegt es im Interesse jedes Unternehmens Eigenkapital zu bilden. Eigenkapital bedeutet Profitakkumulation, mit
anderen Worten Vermögensbildung. Nur durch entsprechende Vermögensbildung ist eine Unternehmensfinanzierung ohne Kreditaufnahme möglich. Nur ein
zu 100% durch Eigenkapital finanziertes Unternehmen kann sich der Willkür der
Banken entziehen. Dann bleibt wie im Fall Junkers nur noch die Politik, um ein
Unternehmen einem fremden Zweck unterzuordnen.

Wegen der zuweilen existenziellen Gefahr, dass Banken auf Unternehmens-
entscheidungen einwirken, hat Profitakkumulation (Vermögens- also Eigenkapitalbildung) ihren sinnhaften Ursprung im Selbstschutz, nicht in Gier.[30] Dieser
Zusammenhang muss beim Erarbeiten von Reformvorschlägen berücksichtigt
werden. Doch wie viel Eigenkapital ist notwendig, um ein Unternehmen vor
feindlicher Übernahme zu schützen? Da das von der weiteren Entwicklung des
Unternehmens wie des Marktes abhängt, kann es auf diese Frage keine verbind-
liche Antwort geben. Damit ist die Tür zu grenzenloser Kapitalakkumulation
aufgestoßen. Der Geist unbegrenzter Vermögensbildung ist aus der Flasche,
doch Milliardenvermögen brauchen besondere Märkte, um wachsen zu können.

7.   Finanzmärkte

Eine destruktive Dynamik

> Die Finanzkrise, die 2007 begann, war nicht nur un-
> gewöhnlich, weil sie so schnell auf den Crash von
> 2000 folgte. Genauso erstaunlich war, dass sich erst-
> mals eine Blase aufgepumpt hatte, ohne dass es eine
> scheinbar plausible „Story" gab.
>
> Ulrike Herrmann[31]

Während der Auslöser für eine Vermögensbildung im berechtigten Bedürfnis der Unternehmen nach Unabhängigkeit von den Banken zu finden ist, bilden Finanzmärkte das Umfeld, in dem Vermögenswachstum jeden Bezug zur Realität verliert, denn die Finanzwirtschaft folgt einer grundsätzlich anderen Logik als die Realwirtschaft. Letztere dient der Versorgung mit Waren und Dienstleistungen, also der Befriedigung realer Bedürfnisse. Die gehandelten realen Werte verschwinden durch Verbrauch bzw. sinken durch Gebrauch verständlicherweise. Waren und Dienstleistungen müssen deshalb immer neu erzeugt werden.

In der Finanzwirtschaft wird mit ganz anderen Werten gehandelt und dieser Handel erfolgt aus vollkommen anderen Motiven. Finanzprodukte dienen keiner direkten Bedürfnisbefriedigung. Sie sollen Profit einbringen, d.h. von ihnen wird kein Wertverlust, sondern ein Wertzuwachs erwartet. Ein sinkender Wert gilt hier nicht als natürliches Verhalten, sondern als Krise. Realwirtschaft und Finanzwirtschaft unterscheiden sich also fundamental hinsichtlich der erwarteten Wertentwicklung der jeweiligen Handelsgüter. Während das Brot vom Vortag, das verfaulende Gemüse, die veraltete Software, die unmodern werdenden Kleider im Preis sinken, sollen Wertpapiere möglichst täglich an Wert gewinnen. Diese Idee wurde mit den Wechseln geboren. Wer einen Wechsel vor dem Fälligwerden bar einlösen wollte, musste Preisnachlässe akzeptieren. Die waren um so höher, je weiter der Fälligkeitstag in der Zukunft lag. Der Wert eines Wechsels stieg also, je näher der Tag der Fälligkeit kam.[32] Verglichen mit der Realwirtschaft muss die Wertentwicklung an den Finanzmärkten jedoch erstaunen. Problematisch wird die konträre Wertentwicklung, weil in Real- und Finanzwirtschaft das gleiche Geld zirkuliert. Die miteinander verbundenen Kreisläufe entwickeln eine destruktive Dynamik. Denn Geld, das ich für reale Werte ausgebe, ist für mich verloren – eben ausgegeben. Doch Geld, das ich für Wertpapiere ausgebe, hoffe ich mit Profit zurückzubekommen. Infolgedessen fließt Geld vorzugsweise in die Finanzwirtschaft. Der dadurch entstehende Geldabfluss aus der Realwirtschaft schafft enorme soziale und ökologische Probleme, denn hier fehlt überall Geld für Löhne sowie für notwendige und sinnvolle Investitionen.

Tatsächlich stehen dem realwirtschaftlichen Geldmangel enorme Geldmengen an den Finanzmärkten gegenüber. Dieses Geld dient weder direkter Bedürfnisbefriedigung noch realwirtschaftlichen Investitionen. Vielmehr jagt es Renditen hinterher, die in der Realwirtschaft kaum je erzielt werden können. Gesamtwirtschaftlich entsteht durch diese Verzahnung eine Stagflation.

Stagflation wird eine Krise genannt, in der zeitgleich Preise infolge Deflation zu sinken drohen, während andere Preise infolge Inflation steigen. Zur Deflationsneigung kommt es in der Realwirtschaft infolge eines ständigen Geldabflusses in die Finanzwirtschaft. An den Finanzmärkten befeuert der Geldzufluss umgekehrt eine nahezu ununterbrochene Inflation. In der seit langem andauernden Stagflation wird zwar der drohenden Deflation in der Realwirtschaft gegengesteuert, die inflationäre Preisentwicklung an den Finanzmärkten wird jedoch begrüßt. Sie wird keineswegs als Ursache der realwirtschaftlichen Deflationsneigung erkannt. Hieraus entstehen schwerwiegende Störungen des Geldkreislaufes. Unser Geld lässt sich mit einem Stein vergleichen, der, wenn ich ihn loslasse, nicht zwingend nach unten fällt, sondern auch nach oben fliegen kann; denn mit Geld erworbene Güter können im Wert sinken oder steigen.

Weil Werte in der Realwirtschaft tendenziell sinken, während sie in der Finanzwirtschaft tendenziell steigen, droht die Gesellschaft zu zerreißen; denn Geld wird dort knapp, wo es für realen Konsum gebraucht wird, da es dorthin fließt, wo es sich losgelöst von realen Werten vermehrt. Ungeachtet dessen postulierte der Ökonom Professor Olaf Sievert, ehemaliges Mitglied des Sachverständigenrates zur Begutachtung der gesamtwirtschaftlichen Entwicklung, 1988:

> Sicher ist man sich hingegen, daß die Lohnstruktur nicht stimmt, daß namentlich die Löhne für einfache Arbeit viel zu hoch sind.[33]

Abgesehen vom in dieser These enthaltenen Zynismus, erstaunt der Mangel an ökonomischem Grundverständnis. Diesen Mangel offenbart das Kinderspiel „Taler, Taler du musst wandern". Wer einmal eine Münze im Kreis hat herum wandern lassen, weiß, dass die Einnahmen der einen nur aus den Ausgaben anderer stammen können. Auf die Volkswirtschaft übertragen bedeutet das, aus den gezahlten Löhnen resultiert die verfügbare Kaufkraft für Waren. Sinkt die Kaufkraft infolge sinkender Löhne, müssen auch die Preise fallen. Ein Kampf gegen sinkende Preise muss deshalb immer ein Kampf gegen sinkende Löhne sein. Allerdings wurde im Kapitel 3: *Nachfragelücke* gezeigt, dass der Lohnkampf der Arbeitnehmenden innerhalb des bestehenden Systems genauso wenig zu gewinnen ist, wie der Preiskampf der Unternehmen. Dort wurde transparent gemacht, dass eine Nachfragelücke entsteht, weil die Arbeitseinkommen im heutigen Kreditgeldsystem nicht ausreichen können das gesamte produzierte Warenangebot aufzukaufen. Diese Nachfragelücke entsteht zum Teil dadurch, dass betriebliche Einnahmen nicht wieder vollständig in der Realwirtschaft für Waren, sondern teilweise in der Finanzwirtschaft für Wertpapiere ausgeben werden. Ein Lohnkampf sollte sich deshalb nicht gegen die Unternehmen, sondern gegen die Finanzwirtschaft richten. Doch nicht nur die Gewerkschaften kämpfen gegen den falschen Feind. Auch die Politik lenkt das Schiff in die falsche Richtung. Ausgerechnet der Sozialdemokrat Gerhard Schröder hat als Kanzler durch Einführung des Hartz IV-Systems weiteren Lohndruck ermöglicht. Gleichzeitig hat seine Regierung durch Einführung des Systems der „kapitalgestützten" Riesterrenten die Rolle der Finanzmärkte gestärkt.

Durch ein kapitalgestütztes Rentensystem sollen die Finanzmärkte als Geldquelle für die Realwirtschaft genutzt werden. Tatsächlich kommt es zu einem Geldabfluss aus der Finanz- in die Realwirtschaft, wenn Riesterrenten für den täglichen Konsum genutzt werden. Dann fließen in der Finanzwirtschaft erworbene Renditen in die Realwirtschaft. Durch kapitalgestützte private Renten kann so die realwirtschaftliche Kaufkraft erhöht und die Nachfragelücke geschlossen werden, ohne die Löhne anzuheben. Allerdings fließt die nicht aus Arbeitseinkommen stammende Kaufkraft oft nur in die Taschen derer, die bereits über hohe Einnahmen verfügen. Denn im Allgemeinen haben nur sie sich eine private Zusatzrentenversicherung leisten können. Das Riesterrentenkonzept wollte hier gegensteuern. Es wollte gezielt einkommensschwachen Bevölkerungsschichten einen Zugang zum Börsenhandel und zu Börsenprofiten ermöglichen. Sollten in kommenden Finanzkrisen die kapitalgestützten Rentensysteme jedoch zusammenbrechen, werden die Menschen mit den geringen Einkommen wieder einmal die Betrogenen sein. Die Wahrscheinlichkeit ist hoch.

So sehr Renditeversprechen auch an die Börse locken, auf lange Sicht ist der Börsenhandel auf Sand gebaut, denn dort werden ausschließlich Schuldscheine gehandelt, siehe Kapitel 7.4: *Finanzprodukte*. Noch ist dieser Sand indessen Goldstaub und solange Menschen Gold als Geld akzeptieren, lässt sich mit dem leistungslos an den Börsen erworbenen Geld die Welt aufkaufen.

In der Realwirtschaft erwerbe ich Geld durch Arbeit, also durch das Erbringen realer Leistungen für andere. In der Finanzwirtschaft erwarte ich ein Einkommen, ohne dafür etwas Reales zu leisten; ich will einfach Geld mit Geld verdienen. Mit anderen Worten: in der Realwirtschaft arbeite ich für mein Geld, in der Finanzwirtschaft soll mein Geld für mich arbeiten. Wir werden versuchen, dem Geld beim Arbeiten zuzusehen. Wir werden versuchen heraus zu finden, wie sich Geld an den Börsen vermehrt. Wir werden untersuchen, wo der Profit herkommt, den uns ein Verkauf unserer Wertpapiere beschert. Doch ehe wir diesen Zusammenhängen folgen, ein Blick in die Börsengeschichte. Das hilft uns zu verstehen, warum Finanzmärkte heute so selbstverständlich erscheinen.

7.1. Börsengeschichte

Kurze Geschichte des Wertpapierhandels

> Der Aufschwung des Seehandels [im 15. Jh., d.A.] wurde stark durch die besonders in Genua verbreitete Praxis der Aufteilung der Schiffe in gleiche Teile gefördert; es handelte sich dabei um regelrechte Aktien, von denen eine Person mehrere besitzen konnte. So wurden die Risiken geteilt und umgelegt. Die Anteile, die *partes*, *sortes* oder *loca* genannt wurden, waren Waren, die man verkaufen, mit einer Hypothek belasten, in eine *commenda* einbringen oder ins Stammkapital einer Sozietät einzahlen konnte.
>
> Jacques Le Goff[34]

Möglicherweise gab es bereits in der Antike börsenähnliche Treffen. Die Anfänge der neuzeitlichen Börsengeschichte reichen jedenfalls bis ins 13. Jh. zurück.[35] Damals trafen sich mindestens in Florenz und Venedig Kaufleute, um mit Staatsschuldscheinen und Versicherungsaktien bzw. -policen[36] zu handeln. Die ersten Aktien waren Schiffsbeteiligungen.

Die Schifffahrt barg im Mittelalter große Risiken. Verglichen mit heute war die Seetüchtigkeit der Schiffe gering; die Navigationskenntnisse waren mangelhaft und Seeräuberei sorgte für zusätzliche Gefahren. Kaufleute taten sich deshalb zu Haftungsgemeinschaften zusammen, so dass eine Schiffsladung aus Anteilen unterschiedlicher Personen bestand. Kehrte ein Schiff nicht zurück, war nur ein Teil des in den Fernhandel investierten Vermögens verloren.

Da Schiffe zuweilen Jahre unterwegs waren, konnte es geschehen, dass Kaufleute vor Rückkehr eines Schiffes ihr investiertes Geld für andere Zwecke brauchten. Dann hatten sie die Möglichkeit ihre Schiffsaktien zum Verkauf anzubieten. Der aus der Not geborene Verkauf von Schiffsaktien mündete bald in Spekulation, denn durch gezielte (Fehl-)Informationen konnten die Werte von Schiffsaktien manipuliert werden. Gerüchte über die nahende Ankunft oder den Untergang eines Schiffes trieben die Preise hoch bzw. runter. Den Profit machten diejenigen, die über das bessere (Des-)Informationssystem verfügten.

Mit dem Rückwechsel[37] entstand spätestens Ende des 14. Jhs. auch die Währungsspekulation. Kaufleute nutzten dabei aus, dass es damals eine unübersichtliche Vielzahl an Währungen gab, deren Wechselkurse im Lauf des Jahres schwankten. Kursschwankungen ergaben sich an Markttagen, da der Bedarf an lokaler Währung dann stark stieg. Aber auch schwankende Ernten, Kriegsfinanzierung oder außerplanmäßige große Handelsgeschäfte konnten Einfluss auf die Wechselkurse haben. Auch hier galt, wer früher als die Konkurrenz an die richtigen Informationen kam, konnte mit Geld Geld verdienen. Da Spekulation immer auf erwartete Preisänderungen zielt, boten auch schwankende Ernteerträge und Fischfangausbeuten Möglichkeiten. Spätestens im 15. Jh. waren mindestens für den Heringsfang im Ostseeraum Termingeschäfte so weit verbreitet, dass die Hanse Mitte des 15. Jhs. Termingeschäfte (Spekulationen auf Fisch, der noch nicht gefangen war) verbot.[38]

Ein weiterer Bereich des frühen Börsenhandels war der Handel mit Staatsschuldscheinen (Schatzwechseln) auf Wechselmessen. Seit Wechsel als Zahlungsmittel genutzt werden konnten, wurde beim Verkauf von Wechseln gegen Münzgeld faktisch eine Geldart in eine andere getauscht. Es standen sich (privates) kapitalistisches Kreditgeld und (staatliches) feudales Münzgeld gegenüber.

Im heutigen zweistufigen Bankensystem existieren noch immer zwei Geldarten: das Buchgeld der Geschäftsbanken und das Zentralbankgeld – nur noch teilweise als Bargeld, weil zunehmend als Buchgeld. Deshalb leben die frühen Wechselmessen heute als Geldmärkte fort, siehe nachfolgendes Kapitel.

Genauso wie Schiffsaktien und Termingeschäfte, boten auch Schatzwechsel Spekulationsmöglichkeiten. Die schlechte Zahlungsmoral der Höfe, schwankendes Kriegsglück[A] sowie Staatsbankrotte sorgten immer wieder für große Kursschwankungen. Wer zuerst die richtigen Informationen erhielt, konnte früher wie heute gewinnbringend an den Börsen spekulieren. Jakob Fugger der Reiche hatte das früh erkannt. Günter Ogger berichtet, dass Fugger bereits so etwas wie eine Zeitung herausgab, um gezielt Informationen zu streuen.

> Durch zuverlässige Vorausmeldungen machte er sich Kaiser und Könige zu Verbündeten, durch gezielte Falschinformationen vernichtete er seine Konkurrenten.[39]

Nicht nur Fugger wickelte viele seiner Finanz- und Handelstransaktionen mit Wechseln ab. Da Wechsel Zahlungsmittel und Schuldscheine zugleich waren, eröffneten sie völlig neue Möglichkeiten, Geld zu verdienen. Zum einen boten Wechsel die Möglichkeit mit „Geld" zu bezahlen, das es vor dem Ausstellen eines Eigenwechsels noch nicht gab. Zum anderen wurden Schuldscheine zu Vermögenswerten, mit denen auf völlig neue Weise gehandelt werden konnte. Erinnert sei an die Bank von England, die sich durch Verkauf von Schuldscheinen einen Teil des zuvor verliehenen Goldes zurückholte.[40]

Seit jenen Tagen ist die Welt der Finanzmärkte komplizierter geworden. Um die Wunder der modernen Finanzwirtschaft, insbesondere das Entstehen von Finanzblasen verstehen zu können, ist ein Grundverständnis des Wesens der Teilbereiche der Finanzmärkte notwendig. Ein kurzer Blick auf die Geld- und Kapitalmärkte ist deshalb unvermeidlich.

[A] Kriege waren oft kreditfinanziert. Die Kredite der Verlierer wurden zuweilen wertlos.

7.2. Geldmärkte

Vom Liquiditätszauber zur Geldschwemme

> Auffällig ist der erhebliche Bedeutungszuwachs der Bankkredite in den 70er Jahren, nachdem sich eine deutliche Umstrukturierung der Kreditartenstruktur zugunsten der direkten Kreditaufnahme im Bankensystem auch schon im vorangegangenen Jahrzehnt vollzogen hatte.
>
> Axel Troost[41]

Finanzmärkte werden in zwei Bereiche unterteilt, in Geldmärkte und in Kapitalmärkte. An Geldmärkten wird tatsächlich mit Geld gehandelt. Hintergrund dieses Handels ist die Existenz von zwei Geldarten im heutigen zweistufigen Bankensystem. Bekanntlich unterscheiden wir heute zwischen Geschäftsbanken, das sind all jene Banken, bei denen Privatleute, Unternehmen und der Staat Konten unterhalten, und Zentralbanken. Die Geschäftsbanken schöpfen Buchgeld und die Zentralbanken produzieren Zentralbankgeld. Ursprünglich war Zentralbankgeld immer Bargeld. Heute erzeugen Zentralbanken auch zunehmend Zentralbankbuchgeld. Ungeachtet dessen nenne ich der Einfachheit halber nachfolgend das Geld der Geschäftsbanken Buchgeld und das Zentralbankgeld Bargeld, obwohl das, wie gesagt, nicht ganz korrekt ist.

In der „Geschichte des Geldes"[42] wurde erzählt, wie sich dieses System entwickelt hat. Bevor unser zweistufiges Bankensystem entstand, gab es Notenbanken, die ihre eigenen Banknoten auf Verlangen in Gold einlösen mussten. Heute müssen Geschäftsbanken ihr selbst geschaffenes Buchgeld auf Verlangen in Bargeld auszahlen. Das Zentralbankgeld hat das Gold als Einlösemittel ersetzt. Doch noch immer haftet dem Zentralbankgeld die Idee an, es sei durch reale Werte gedeckt. Buchgeld wird heute immer dann in Zentralbankgeld umgewandelt, wenn wir am Geldautomaten Geld von unserem Konto abheben. An der Geldmenge ändert dieser Umtausch nichts. Auch können Geschäftsbanken Überweisungen untereinander nur mit Zentralbankgeld abwickeln. Deshalb benötigen Geschäftsbanken immer einen gewissen Anteil Zentralbankgeld, eine Barreserve und eine Mindestreserve. Die Barreserve im Safe einer Geschäftsbank dient zum Auszahlen von Buchgeld in bar. Die Mindestreserve auf dem Zentralbankkonto einer Geschäftsbank dient dazu, Überweisungen an andere Banken zu leisten. Reicht für fällige Überweisungen die vorhandene Mindestreserve nicht aus, kann sich eine Geschäftsbank fehlendes Zentralbankgeld (Liquidität) auf den Geldmärkten beschaffen. Deshalb sind Geldmärkte nach offiziellem Verständnis:

Der Markt für den Austausch von Zentralbankgeld zwischen den Geschäftsbanken durch Kreditvergabe...[43]

Inzwischen haben die Geschäftsbanken ihren Bedarf an Zentralbankgeld systematisch gesenkt. Dazu fördern sie den virtuellen Zahlungsverkehr. Werden Rechnungen per Überweisungen bezahlt, geschieht das bargeldlos. Befinden sich beide Konten, das, von dem abgebucht und das, auf das der Betrag überwiesen wird, in der gleichen Bank, kann die gesamte Zahlung mittels Geschäftsbankengeld erfolgen. Befinden sich beide Konten in verschiedenen Banken, können alle wechselseitigen Überweisungen zwischen den beiden Banken am Ende des Tages verrechnet werden. Dann muss nur noch die Differenz zwischen den wechselseitigen Zahlungen mittels Zentralbankgeld überwiesen werden. Wenn beispielsweise Bank A an Bank B 3 Mrd. überweisen muss, Bank B an Bank A hingegen nur 2 Mrd., dann verrechnet Bank A die 2 Mrd. mit Bank B, und überweist lediglich die Differenz von 1 Mrd.

Verfügt Bank A zum Zahlungstermin nicht über 1 Mrd. Zentralbankgeld, kann sie sich fehlendes Zentralbankgeld auf dem Geldmarkt beschaffen. Möglich ist das zum einen, indem sie direkt bei der Zentralbank einen Kredit aufnimmt. Sie kann sich Zentralbankgeld aber auch durch Kreditaufnahme bei einer anderen Geschäftsbank leihen. Solche

... Geldmarktgeschäfte führen zur Veränderung der Liquiditätsreserven der einzelnen Geschäftsbanken ...[44]

Allerdings

... ist zu beobachten, daß die einzelnen Banken Geldmarktkredite an andere Institute kaum als *Liquiditätsentzug* werten, denn sie erwerben damit Forderungen gegen andere Banken, die aus ihrer Sicht leicht mobilisierbar sind und von daher gute L[iquidität] darstellen; umgekehrt dagegen wird die kreditaufnehmende Bank einen Geldmarktkredit voll als *Liquiditätszufluss* werten, da er aus ihrer Sicht zusätzliche Verfügungsmöglichkeit über Zentralbankgeld bedeutet. Diese Liquiditätseinschätzung ist subjektiver Natur.[45] [H.d.A.]

Dieser Auszug aus dem „Gabler Wirtschafts-Lexikon" lässt aufhorchen. Es erinnert an die Gründung der Bank von England,[46] die erste Bank, die Münzgeld verleihen konnte, ohne dadurch Vermögenswerte einzubüßen. Zur Erinnerung: sie erhielt für das verliehene Münzgeld Schatzwechsel (staatliche Schuldscheine), die sie auf den Geldmärkten wieder in Münzgeld tauschen konnte. Ähnliches geschieht auf den heutigen Geldmärkten. Dort können Geschäftsbanken zentralbankfähige (d.h. solide) Schuldscheine in Zentralbankgeld umtauschen.

Es fragt sich, wozu Geschäftsbanken überhaupt noch Zentralbankgeld benötigen, wenn sie sich gegenseitig Zentralbankgeld leihen können, ohne dadurch spürbar an eigener Liquidität einzubüßen? Tatsächlich machen immer ausgeklügeltere Verrechnungssysteme und eine Ausweitung des bargeldlosen Zahlungs-verkehrs die Geschäftsbanken immer unabhängiger von Zentralbankgeld. Nicht nur in Deutschland, sondern weltweit entziehen Geschäftsbanken ihre Buchgeld-schöpfung dadurch immer mehr der Kontrolle durch die jeweilige Zentralbank. In Deutschland wird diese Entwicklung seit Jahrzehnten kritisiert.[47] Ungeachtet dieser Kritik wird die Buchgeldschöpfung der Geschäftsbanken weltweit jenseits der Kontrolle der Zentralbanken ausgeweitet. Durch Innerbankenkredite, die ur-sprünglich dazu dienten sich auf den Geldmärkten Zentralbankgeld zu beschaf-fen, verschaffen sich Geschäftsbanken heute immer mehr Buchgeld für ihre „Spekulationskassen"[48]. Eine durch Innerbankenkredite aufgeblähte Buchgeld-menge ermöglicht den Banken immer umfangreichere Börsenspekulationen. In-folge steigender Börsenumsätze müssen Banken sich gegenseitig immer größere Beträge überweisen. Das verfügbare Zentralbankgeld reicht hierfür längst nicht mehr aus. Durch gegenseitige Verrechnung wird das jedoch verschleiert. Reicht das vorhandene Zentralbankgeld schließlich auch nicht mehr aus, die Differen-zen zwischen den Überweisungssummen der Banken zu bezahlen, drohen der gesamte Zahlungsverkehr und damit das gesamte Geldsystem zusammenzubre-chen. Als es 2007/08 dazu kam, haben die Zentralbanken nicht versucht die Kontrolle über die Geldschöpfung der Geschäftsbanken zurückzuerlagen. Viel-mehr haben sie den Geschäftsbanken so viel Zentralbankgeld zur Verfügung ge-stellt, wie zum Aufrechterhalten des Zahlungsverkehrs notwendig war. Damit haben die Zentralbanken faktisch die Kontrolle über die Geldschöpfung der Ge-schäftsbanken aufgegeben. Wenn Geschäftsbanken ihr Buchgeld seitdem nahezu unbegrenzt in Zentralbankgeld umwandeln können, verliert Zentralbankgeld sei-ne Funktion als Instrument der Geldmengensteuerung. Da es keine andere Funk-tion mehr besitzt, ist der Untergang des zweistufigen Bankensystems absehbar. Durch den Wandel der Funktion der Geldmärkte wird sich das heutige Geldsys-tem absehbar gravierend verändern.

In der Geschichte des Geldes hat sich wiederholt gezeigt, dass nicht der Staat, sondern die Kaufleute das Geld gestaltet und dessen Wesen dadurch verändert haben. Die aktuelle Entwicklung bestätigt, dass der Staat unfähig ist das Geld-system planvoll zu regulieren. Staatliche Regelwerke leisten oft nicht mehr, als auf den Märkten entstandene Geschäftspraktiken nachträglich zu legitimieren. Es ist viel über die seit den 1970er Jahren schrittweise Deregulierung des Bank-wesens geschrieben worden,[49] auch sind seitdem viele Forderungen zur Regulie-rung des Bankensektors erhoben worden, doch die Gesetzgebung folgt letztlich stets den Bedürfnissen der Banken, statt den Vorschlägen von Kontrollinstanzen.

So wie einst die Kaufleute die Eigenwechsel zu Zahlungsmitteln machten und dadurch das feudale Geldsystem unterwanderten und schließlich beseitigt haben, sind Geschäftsbanken heute dabei ihr Buchgeld als allgemeines Zahlungsmittel durchzusetzen. Die Zentralbanken (ZB) reagieren darauf nicht mit Restriktionen, sondern mit Rückzug und bereiten so ihren eigenen Untergang vor. Dass immer mehr Zentralbankgeld nur noch als ZB-Buchgeld geschaffen wird, verdeutlicht, dass die Bargeldherstellung mit der Ausweitung der Zentralbankgeldmenge nicht Schritt hält. Außerdem offenbart die wachsende Menge an ZB-Buchgeld, dass dieses virtuelle Zentralbankgeld nicht mehr von Privatleuten zur Barzahlung genutzt wird, sondern nur noch von Geschäftsbanken zur Überweisung an andere Geschäftsbanken. Das ZB-Buchgeld legitimiert die Ausweitung der Spekulationskassen in den Geschäftsbanken. Dadurch wird es möglich, immer größere Überweisungen zur Abwicklung des an den Kapitalmärkten wachsenden Wertpapierhandels zu tätigen. Dienten Geldmärkte einst der Steuerung der Geldschöpfung der Geschäftsbanken durch die Zentralbank, wurde sie von Banken inzwischen zu Geldquellen für die Kapitalmärkte umfunktioniert.

Wie oben (S. 33) beispielhaft für die Banken A und B beschrieben wurde, können Banken nicht nur 2 Mrd., sondern jede beliebige Summe verrechnen. Da für diese internen Verrechnungen kein Zentralbankgeld benötigt wird, können immer größere Umsätze außerhalb der Kontrolle der Zentralbanken abgewickelt werden. Wenn die Umsätze zweier Banken mehr oder weniger parallel steigen, können diese Banken intern auch 20 Mrd. oder 200 Mrd. verrechnen, ohne dass die Zentralbank Kenntnis davon bekommt. Trotz wachsender Bilanzsummen in den Geschäftsbanken wurde so keine adäquate Ausweitung der Zentralbankgeldmenge nötig. Die Geschäftsbanken haben ihren Zahlungsverkehr immer stärker der Kontrolle der Zentralbanken entzogen, doch mit den wachsenden Verrechnungsbeträgen drohen auch die Differenzbeträge zu steigen, die schließlich mittels Zentralbankgeld von einer Bank A an eine Bank B überwiesen werden müssen. Ist Bank A aus Mangel an Zentralbankgeld dazu plötzlich nicht mehr in der Lage, breitet sich das gegenseitige Misstrauen zwischen den Banken wie ein Lauffeuer aus. Denn wenn Bank A ihre offenen Rechnungen nicht bei der Bank B bezahlt, kann B auch nicht an C zahlen usw. Durch den Dominoeffekt kommt der Zahlungsverkehr in der gesamten Wirtschaft zum Erliegen, sobald eine große Bank (too big to fail) ihre Überweisungen nicht termingerecht ausführt.

Genau deshalb drohten 2008 die internen Verrechnungssysteme zusammen zu brechen.[50] Um den Zahlungsverkehr wieder in Gang zu bringen, mussten plötzlich nicht nur die Differenzbeträge, sondern die gesamten Umsätze in Zentralbankgeld beglichen werden. Deshalb sahen sich die Zentralbanken gezwungen, gigantische Mengen Zentralbankgeld in die Geldmärkte zu pumpen. Innerhalb der Logik des heutigen Geldsystems konnten sie nur so einen Zusammenbruch des gesamtwirtschaftlichen Zahlungsverkehrs verhindern. Spätestens jetzt wurde offensichtlich, dass die Zentralbanken die Kontrolle über die Geldschöpfung der Geschäftsbanken verloren hatten. Die Rollen wurden getauscht. Die einstigen Dirigenten der Geldmärkte sind zu Instrumententrägern der Geschäftsbanken verkommen. Die Geschäftsbanken geben jetzt den Takt auf den Geldmärkten vor und die Zentralbanken blättern die Noten um, d.h. sie geben so viele Banknoten (in bar oder als ZB-Buchgeld) aus, wie die Geldmärkte verlangen.

Erst das Zusammenspiel von Geldmärkten und Kapitalmärkten erzeugt die destruktive Dynamik der Finanzmärkte. Je unabhängiger die Geschäftsbanken sich vom Zentralbankgeld machen konnten, desto stärker konnten sie den Wertpapierhandel ausdehnen. Seit sich Geschäftsbanken an den Geldmärkten so viel Zentralbankgeld beschaffen können, wie sie für ihre Überweisungen benötigen, können sie ihre Umsätze an den Wertpapiermärkten ins Unendliche steigen. Dazu müssen wir uns bewusst machen, dass sich Geschäftsbanken Geld zum Kauf von Wertpapieren in beliebiger Menge selbst schaffen können. Dank der Verrechnungssysteme können sie den größten Teil ihrer Umsätze auch intern durch gegenseitige Verrechnung abwickeln. Nur für die Differenz zwischen den Summen der gegenseitig fälligen Überweisungen benötigen sie Zentralbankgeld. Seit Geschäftsbanken damit rechnen können, dass ihre Zentralbank ihnen aus jeglichen Zahlungsschwierigkeiten helfen wird, stellen hohe Differenzzahlungen keine Gefahr für den Zahlungsverkehr mehr dar. Die letzte Kontrollschranke scheint 2008 überrannt worden zu sein. Seitdem wächst eine neue Finanzblase, deren Platzen die Gesamtwirtschaft mit Inflation bedroht. Schon zeigen sich erste Risse in der Staumauer und Warenpreise beginnen erkennbar zu steigen.

Längst wird an den Börsen an einem Tag ein Geldvolumen umgewälzt, das einem Mehrfachen der jährlichen weltweiten Warenproduktion entspricht. Das Irrationale des Wertpapierhandels offenbarte sich während der Coronapandemie deutlich. Während die Realwirtschaft z.T. Umsatzrückgänge verkraften musste, stiegen die Börsenwerte losgelöst von dieser realwirtschaftlichen Entwicklung.

Wie einst Kaufleute das Zinsverbot unterwanderten und dadurch das Kreditgeld schufen, so unterlaufen heute Finanzmarktakteur*innen die Kontrollen der Zentralbanken. Durch Ausweiten der Buchgeldschöpfung können die Geschäftsbanken den Handel mit Wertpapieren schier unendlich steigern. Der Antrieb für diese Entwicklung wurde bereits im Kapitel 7: *Finanzmärkte* skizziert. Da an den Finanzmärkten aus Geld mehr Geld gemacht werden kann, ohne einen Umweg über reale Wertschöpfung nehmen zu müssen, ist es mehr als verlockend, immer größere Geldmengen in diesen Wirtschaftssektor zu investieren.

Um das entfesselte System der Selbstvermehrung des Geldes an den Kapitalmärkten zu verstehen, müssen wir einen Blick hinter die Kulissen der Kapitalmärkte werfen. Mit der Industrialisierung entstand eine neue Form von Aktiengesellschaften. Durch den Handel mit Industrieaktien erfuhr der seit Jahrhunderten existierende Wertpapierhandel eine unmerkliche Veränderung – mit nachhaltigen Folgen.

7.3. Kapitalmärkte

Das Geheimnis der Aktien – Wertsteigerung trotz Geldvernichtung

> Hatte der Frankfurter Großkaufmann oder Bankier noch um die Mitte des [19.] Jahrhunderts die Geldnachfrage von Fürsten durch Gewährung von Darlehen befriedigen können, so überstieg der Kapitalbedarf des modernen Staates seine Finanzkraft bei weitem. Erst der Übergang vom privatem Darlehen zur Emissionsanleihe vermochte die erforderlichen Geldsummen zu mobilisieren. Der Privatbankier konnte nunmehr den Kreditansprüchen genügen, ohne sein Eigenkapital mit unkalkulierbaren Risiken zu belasten.
>
> Michael Jurk[51]

Der Börsenhandel entstand aus dem Bedürfnis, Schuldscheine ggf. vor Fälligwerden in Bargeld einzulösen. Das ermöglichte illiquide Vermögenswerte in Liquidität zu verwandeln. Da durch den Verkauf von Schuldscheinen (Wechseln) später fällige Zahlungen in sofort verfügbares Geld getauscht wurden, scheint Börsenhandel seine Berechtigung zu haben. Die Notwendigkeit Schuldscheine zu verkaufen ergab sich, wenn Privatpersonen ihr gespartes, aber verliehenes Münzgeld, vor Rückzahlung der Kredite für andere Geschäfte benötigten. Heute erhalten Unternehmen Kredite meist von Banken, nicht von Privatleuten. Das verliehene Geld wird dann von den Banken erschaffen. Die ursprünglichen Gründe für den Börsenhandel sind dadurch hinfällig geworden.

Vor diesem Hintergrund muss es erstaunen, dass aus dem ursprünglichen Handel mit Wechseln die entfesselte Welt heutiger Finanzmärkte entstehen konnte. Voraussetzung für diese Entfesselung war, dass das Erschaffen sogenannter Wertpapiere von realen Geschäften entkoppelt wurde. Diese Entkopplung erfolgte schrittweise im Laufe einer langen Entwicklung. Sie begann bereits Ende des 14. Jhs. mit der Währungsspekulation mittels der neu entstandenen Rückwechsel. Einen entscheidenden Impuls bekam sie durch das Entstehen von Industrieaktien im 19. Jh. Damals wird der Begriff Kapitalmarkt für den Börsenhandel in Mode gekommen sein. Doch ein Blick hinter die Kulissen offenbart, dass Kapitalmärkte keineswegs den Unternehmen zur Kapitalbeschaffung dienen. So erklärte der Bankdirektor Friedrich Bendixen dem Wirtschaftswissenschaftler Georg Friedrich Knapp am 7. Januar 1907 in einem Brief:

> Also wenn eine große Fabrik-Aktiengesellschaft Erweiterungsbauten vornehmen will, geht sie zu ihrem Bankier, erzählt ihm das und vereinbart die Bedingungen, unter denen sie das nötige Geld bekommen kann. Erst nach Fertigstellung oder schon vorher wird die Konsolidierung der Schuld durch Emission einer Anleihe oder durch Emission junger Aktien ins Werk gesetzt.[52]

Aktiengesellschaften beschaffen sich das Kapital für ihre Erweiterungsbauten also keineswegs an den Kapitalmärkten. Sie nehmen Bankkredite auf. Banken schöpfen Geld aus dem Nichts und leihen es den Unternehmen. Im Zuge der Kreditgeldschöpfung erschaffen die Banken parallel zum Geld für die Unternehmen Schuldscheine: die Aktien, siehe Tabelle 2. Das Guthaben für die Aktiengesellschaft erscheint auf der rechten Seite der Bankbilanz, die entsprechenden Schuldscheine (Aktien) auf der linken.

Tabelle 2: Kreditvergabe an eine Aktiengesellschaft (AG)
Geld und Schulden entstehen parallel durch Bilanzverlängerung, die Schuldscheine heißen hier Aktien; das Stammkapital der Bank, das bei Bankgründung eingezahlte Zentralbankgeld, ist lediglich die formale Grundlage der Buchgeldschöpfung

Aktiva	**Passiva**
1 Mio. Zentralbankgeld	1 Mio. Stammaktien der Bank
1,5 Mio. Aktien (Nennwert)	1,5 Mio. Guthaben der AG
Summe: 2,5 Mio.	Summe: 2,5 Mio.

Die Geldschöpfung durch Kreditaufnahme geht der Aktienemission (dem Verkauf der Aktien zur angeblichen Kapitalbeschaffung) voraus. Nicht der Kapitalmarkt, sondern das Kreditinstitut (die Bank) ist die Quelle des Geldes.

Bendixen schreibt, dass die Bank die Schulden der Aktiengesellschaft nach Fertigstellung der Investition konsolidiert. Der Begriff ist Fachfremden wahrscheinlich unbekannt. Eine Assoziation mit Konsole[B] ist für das Verständnis hilfreich. Eine Konsolidierung von Unternehmensschulden erfolgt durch Verkauf der betreffenden Aktien an das Publikum. Das Publikum sind Privatleute, die ihr überschüssiges Geld gern gewinnbringend anlegen wollen. Konsolidieren der Schuld einer Aktiengesellschaft bedeutet also, Unternehmensschulden werden in Form von Aktien an Privatleute verkauft. Banken geben das durch Aktienverkäufe herein kommende Geld jedoch nicht an die Aktiengesellschaften weiter, sondern verwenden es zum Tilgen der jeweiligen Unternehmensschulden. Infolgedessen wird das Geld des Aktien kaufenden Publikums im Zuge einer Bilanzverkürzung vernichtet.[53] Denn so wie eine Bank Aktien gemeinsam mit der Geldschöpfung für eine Aktiengesellschaft erschafft, so vernichtet sie

---

[B] Als Konsolen wurden ursprünglich in die Wand eingemauerte Tragsteine bezeichnet. Solche Konsolen dienen als Auflager für andere Bauelemente. Durch Konsolidieren von Schulden lassen sich befristete Schulden in ewige Schulden verwandeln. Wundersamerweise gelten derart verewigte Schulden als Vermögenswerte. Da solche Vermögenswerte beleihbar sind, können sie zur Grundlage neuer Geldschöpfung werden. Konsolidierte Schulden werden so zu „Tragsteinen" des kettenbriefartigen kapitalistischen Geldsystems.

mit dem Verkauf dieser Aktien den entsprechenden Buchwert dieser Schuldscheine. Mit der Geldschöpfung im Zuge einer Kreditvergabe werden Aktien als Aktiva in die Bilanz aufgenommen. Durch deren Verkauf verschwinden die Aktien dann aus der linken Seite der Bankbilanz. Entsprechend muss auch ein gleich großer Geldbetrag auf der rechten Bilanzseite verschwinden.

Über Geldschöpfung – im Zusammenhang mit der Aufnahme neuer Wertpapiere in eine Bankbilanz – wird zuweilen gesprochen, z.B. im Lehrfilm „Geld, Geldmenge, Geldschöpfung"[54] der Fernuniversität Hagen. Dass Banken analog zur Geldschöpfung auch Geldvernichtung betreiben, wird meist verschwiegen. In dem Lehrfilm wird ungefähr ab Minute 10 gezeigt, dass ein Ankauf von Staatsanleihen durch eine Bank Geldschöpfung bedeutet. Jeder Wertpapierkauf durch eine Bank geht mit Geldschöpfung der Bank einher. Als logische Gegenoperation muss eine Bank bei Verkauf jeder Art von Wertpapieren Geld vernichten. Infolgedessen fließt durch Emission (Verkauf/Primärhandel[c]) von Aktien kein Geld bzw. Kapital in Unternehmen. Banken geben durch Aktienverkäufe eingenommenes Geld nicht an die Unternehmen weiter, sondern vernichtet es.

Nicht die Unternehmen, sondern die Banken beschaffen sich an den Kapitalmärkten Geld. Banken holen sich durch den Verkauf von Aktien das Geld, das sie einer Aktiengesellschaft geliehen haben, vom Publikum zurück. Durch seine Aktienkäufe finanziert das Publikum keine Unternehmen, sondern tilgt deren Kredite. *Die Tilgung der Unternehmensschulden findet jedoch nur in der Bankbilanz statt. Für die Aktiengesellschaften sinken ihre Schulden durch Aktienemission nicht.* Durch Verkauf ihrer Aktien wandern entsprechende Schulden nur aus der Bankbilanz in die Hände des Publikums. Durch Primärhandel mit Aktien wird kein Kapital beschafft, sondern Geld vernichtet, siehe Tabelle 3.

Tabelle 3: Kredittilgung durch Verkauf von Schuldscheinen

Wie bei Kreditvergabe links Wertpapiere und rechts Geldguthaben in der Bankbilanz entstehen, verschwindet mit dem Verkauf von Wertpapieren im Nennwert von 1 Mio. eine gleich große Geldmenge aus der Bilanz: vergleiche mit Tabelle 2!

Banken kaufen Wertpapiere mit aus dem Nichts geschaffenem Geld und vernichten Geld mit dem Verkauf von Wertpapieren.

Aktiva	Passiva
1 Mio. Zentralbankgeld	1 Mio. Stammaktien
0,5 Mio. Aktien (Nennwert)	0,5 Mio. Guthaben der AG
Summe: 1,5 Mio.	Summe: 1,5 Mio.

---

[c] Primärhandel meint den Verkauf von Aktien aus erster Hand, d.h. aus der Hand der Banken, die sie erschaffen haben. Jeder Weiterverkauf von Aktien ist Sekundärhandel.

Ein Vergleich mit Tabelle 2 zeigt: Die Bank hat Aktien im Nennwert von 1 Mio. an das Publikum verkauft und behält Aktien im Nennwert von 0,5 Mio. in ihrer Bilanz.[D] Der Nennwert ist der Wert, den Banken ihren Aktien bei der Emission zuweisen und also der Preis, zu dem sie sie ans Publikum verkaufen wollen. Durch Kursschwankungen kann der Wert der Aktien später über oder unter dem Nennwert stehen. Verkaufen Banken Aktien zu einem vom Nennwert abweichenden Kurs, entstehen Gewinne oder Verluste. Einnahmen über dem Nennwert werden als Gewinn gebucht. Verkaufen Banken hingegen unter dem Nennwert, müssen sie die Differenz durch Vernichten von Eigenkapital tilgen.

In Tabelle 3 hat die Bank Aktien im Nennwert von 1 Mio. für 1 Mio. an das Publikum verkauft und die gesamten Einnahmen vernichtet. Die Bilanzsumme ist gegenüber Tabelle 2 deshalb um 1 Mio. gesunken. Gleichzeitig wurde der Kredit der Aktiengesellschaft in der Bankbilanz zu zwei Dritteln getilgt. *Für die Aktiengesellschaft bleibt ihre Schuld jedoch in voller Höhe bestehen.* Nach dem Verkauf der Aktien an das Publikum ist die Aktiengesellschaft jedoch nur noch zu einem Drittel bei der Bank, zu zwei Dritteln stattdessen bei ihren Aktionär*innen verschuldet.

Wie bereits erwähnt wird der Verkauf von Unternehmensschulden im Gewand von Aktien Konsolidierung genannt. Konsolidierte Schulden sind Schulden, die in der Bankbilanz getilgt sind. Bei Licht betrachtet sind es verewigte Schulden. Diese verewigten Schulden werden vom Publikum als Wertpapiere gehalten. Der Verkauf dieser neuen mit der Industrialisierung entstandenen Schuldscheine als Wertpapiere basiert auf einer tiefgreifenden Wertillusionen. Um das zu erkennen, müssen wir sehr genau hinsehen.

Durchgesetzt hat sich dieses System des Schuldentransfers im 19. Jh. mit der zunehmenden Industrialisierung. Die zu Kreditinstituten gewordenen Banken haben aus den vorhandenen Elementen – der Geldschöpfung und dem Schuldscheinhandel – ein System entwickelt, um den plötzlich sehr großen Geldbedarf der entstehenden Industrieunternehmen decken zu können. Die Geldschöpfung wurde damals noch durch die Goldeinlösepflicht begrenzt. Um trotzdem schnell immer neues Geld schöpfen zu können, entwickelten Banken die Möglichkeit, das an Aktiengesellschaften verliehene Geld durch Verkauf der Aktien schnell von den Anleger*innen zurückzubekommen. So mussten sie nicht warten, bis die kreditnehmenden Unternehmen ihre Kredite über Jahrzehnte hinweg langsam tilgen würden. Durch Verkauf der Schuldscheine als Unternehmensanteile konnten Banken ihr für die Aktiengesellschaften geschöpftes Geld schnell wieder aus dem Markt ziehen. Der rasche Rückfluss emittierter Banknoten versetzte

---

[D] Banken behalten oft Teile ihrer selbst geschaffenen Aktienpakete, und damit Mitspracherechte in den Aufsichtsräten der Unternehmen. Deshalb bleiben auch Teile der Schulden in ihrer Bilanz. Die Aktionär*innen kaufen folglich nur einen Teil der Unternehmensschulden.

die damaligen Notenbanken in die Lage, trotz ihrer begrenzten Goldbestände, schnell wieder neues Geld für neue Investitionen schöpfen/emittieren zu können.

Kapitalmärkte dienten primär also nicht der *Kapitalbeschaffung für die Unternehmen*, sondern dem Erhalt des *Geldschöpfungspotentials der Banken*. An Kapitalmärkten versorgen sich nicht Unternehmen, sondern Banken mit Geld. Durch Aktienverkäufe eingenommenes Geld fließt nicht in die Unternehmen, sondern dient dem Tilgen der Unternehmensschulden in den Bankbilanzen. Von Banken durch Aktienemission eingenommenes Geld, kann folglich gar nicht „arbeiten", da es von den Banken vernichtet wird. Statt über diese Zusammenhänge aufzuklären, wurde die Illusion genährt, das Publikum würde durch Aktienkäufe sein Geld in Unternehmen anlegen. Der Erfolg dieser Illusion schuf die Grundlage für die expansive Entwicklung der Kapitalmärkte.

Die Tatsache, dass es sich bei Aktien um Schuldscheine handelt, wurde durch die Illusion ersetzt, Aktien seien Unternehmensanteile und daher Wertpapiere. Handelsobjekte an den Kapitalmärkten sind ausnahmslos (!) Schuldscheine. Wann für den Handel mit Schuldscheinen zum ersten Mal der Begriff Kapitalmarkt geprägt wurden, vermag ich nicht zu sagen. Sicher ist nur, dass der Begriff „Kapital" Anfang des 16. Jhs. ins Deutsche eingewandert ist. Das italienische Wort *capitale* wird laut Etymologischem Wörterbuch mit *Wert* oder *Vermögen* übersetzt. Die Marktplätze für Schuldscheine Kapitalmärkte zu nennen und die Schuldscheine Wertpapiere, ist grandioses Marketing.

Allerdings ist der Aktienhandel eine logische Folge der Umkehrung des Zusammenhanges zwischen Sparen und Kreditvergabe. Im Feudalismus waren real vorhandene Münzen die Voraussetzung für eine Kreditvergabe. Es konnte nur verliehen werden, was zuvor als Münzgeld aus geschürftem Gold oder Silber geprägt worden war. Im Kapitalismus wird Geld durch Kreditvergabe geschöpft. Kreditaufnahme ist nun Voraussetzung für das Entstehen von Geld. Folgerichtig kann erst gespart werden, nachdem Kredite aufgenommen wurden. Dieser Logik folgt der Aktienhandel. Dazu ein Beispiel.

Geld wird durch Kreditvergabe geschaffen und beispielsweise für den Bau neuer Gleise in Umlauf gebracht. Die mit dem Bau beauftragten Unternehmen erzielen Einnahmen und können einen Teil sparen. Ist die Bahnstrecke schließlich fertig und also alles Geld ausgegeben, werden parallel zur feierlichen Eröffnung der neuen Strecke durch eine erste Fahrt mit einer blumenbekränzten Lokomotive Teile der Bahnaktien verkauft. Dadurch fließt ein Teil des Geldes, das für den Bahnbau aus dem Nichts geschaffen und mit dem Bau in Umlauf gebracht wurde, in die Bank zurück. Die Bank hat sich das Geld zum Bau der Bahnstrecke nicht vorab durch Einsammeln von Spargeldern beschafft. Vielmehr zieht sie ihr zum Bau der Bahnstrecke aus dem Nichts geschaffenes Geld nach Einweihung der fertigen Strecke aus dem Umlauf zurück.

Verallgemeinert schließt sich dieser Kreditgeldkreislauf folgendermaßen:

1. Banken vergeben an Aktiengesellschaften Kredite für Investitionen. Dadurch wächst die Geldmenge.
2. Die Aktiengesellschaften geben dieses Geld aus.
3. Ein Teil des so in Umlauf gekommenen Geldes wird gespart.
4. Nach Fertigstellen der Investitionen, verkaufen die Banken Teile der Aktien (Schuldscheine). Dadurch fließt (Spar-)Geld, das erst infolge der Kreditvergabe der Banken entstanden ist, in die Banken zurück.

Soweit, so logisch. Doch logisch ist nicht zugleich auch sinnvoll. Der Sinn verschiebt sich, weil das Publikum in den Aktien keine Schuldscheine, sondern renditeträchtige Wertpapiere sieht. Um zu verstehen, warum vor allem Kleinanleger*innen immer wieder schmerzhaft um ihr in Aktien angelegtes Geld betrogen werden, betrachten wir die Wertentwicklung der hinter den Aktien stehenden Sachwerte.[55]

Der Gegenwert der Aktien ist zunächst in Form von Maschinen und/oder Anlagen vorhanden, die nach ihrer Fertigstellung mit der Produktion beginnen. Dadurch verdient die Aktiengesellschaft Geld. Aus diesen Einnahmen, dem Rückfluss oder *cash flow*, kann die Aktiengesellschaft Dividenden zahlen. Doch der Wert der Anlagen sinkt durch Gebrauch, denn sie verschleißen. Schließlich müssen sie verschrottet werden. Damit verschwinden jedoch nicht zugleich auch die entsprechenden Aktien. Im Gegenteil, von ihnen wird eher ein steigender Kurswert erwartet. Die Anleger*innen erkennen in den Aktien nicht die Schuldscheine der Unternehmen und sehen keinen Zusammenhang zu deren Kreditaufnahmen. Sie glauben Anteilsscheine in Händen zu halten und erwarten deshalb fortlaufend Dividende, solange das Unternehmen als ganzes existiert. Doch Otto Lindenberg ist bei weitem nicht der einzige der feststellen musste:

> Leider aber waren ihre grossen Erfolge [die, der Discontobank im Wertpapierhandel, d.A.] mit einer bedeutenden Schädigung des deutschen Publikums verbunden.[56]

Um die wiederholten Wertverluste des Publikums zu verstehen, müssen wir die Wertentwicklung im Unternehmen und in der Bank betrachten. Dazu eine Modellrechnung. Nehmen wir an, eine Aktiengesellschaft braucht 900.000 für eine Anlage. Sie schließt mit ihrer Bank einen Kreditvertrag. Die Bank verlängert daraufhin ihre Bilanz, analog zu Tabelle 2 um 1 Mio. Links in der Bilanz verzeichnet sie Aktien im Nennwert von 1 Mio., rechts ein Guthaben in gleicher Höhe. Von der 1 Mio. erhält das Unternehmen 900.000 und die Bank verbucht 100.000 als Provision für das Kreditgeschäft. Sobald die Anlage mit der Produktion beginnt, verkauft die Bank Anteile der entsprechenden Schulden als Aktien. Durch geschicktes Marketing kann sie 50% ihres Aktienpaketes über dem Nennwert verkaufen und nimmt insgesamt 600.000 ein. Davon bucht sie 100.000 als

Gewinn und vernichtet 500.000 parallel zur Herausgabe der Aktien an die Aktionär*innen. Dadurch hat die Bank die Hälfte des Kredits der Aktiengesellschaft (AG) getilgt, mit dem sie bisher insgesamt 200.000 also 20% Gewinn gemacht hat. 100.000 hatte sie bei der Kreditvergabe als Provision einbehalten und 100.000 später als Kursgewinn kassiert. Außerdem besitzt sie noch immer 50% der Aktien und dadurch ein Aufsichtsratsmandat in der Gesellschaft. Kurz nachdem die neue Anlage mit der Produktion begann, konnte die Bank durch Verkauf der Hälfte der Aktien den halben AG-Kredit tilgen und ihr Eigenkapital durch einen Teil des Gewinns erhöhen. Dadurch kann sie schnell wieder neue Kredite vergeben. Diese stark vereinfachte Modellrechnung soll die Bedeutung des Aktienhandels für die Finanzierung der Industrialisierung veranschaulichen.

Durch ihren Sitz im Aufsichtsrat der AG kann die Bank Einfluss auf die Höhe der Dividendenzahlungen nehmen. Sie wird in den folgenden Jahren für hohe Gewinnausschüttungen sorgen. Infolgedessen kann die AG nur geringe Rücklagen bilden, um künftige Investitionen zu finanzieren. Neue Investitionen werden jedoch fällig, sobald die inzwischen alte Anlage verschrottet werden muss. Das verschärft den Wertkonflikt zwischen dem sinkenden Sachwert der Anlage und den steigenden Kurswerten der Aktien.

Rechtzeitig vor einer geplanten neuen Kreditaufnahme gibt die Aktiengesellschaft eine Gewinnwarnung heraus, woraufhin ihre Aktienkurse fallen. Jetzt kann die AG ihre eigenen Aktien unter Wert vom Publikum zurückkaufen und sich so zumindest teilweise preiswert entschulden. Denn wenn sie eigene Aktien unter Nennwert kauft, bezahlt sie faktisch nur einen Teil ihrer Schulden. Durch Vernichten der aufgekauften Aktien tilgt die AG dann Schuldanteile. Solche oft gezielt provozierten Kursstürze sind eine Ursache für die auf S. 42 von Lindenberg beklagte „bedeutende Schädigung [nicht nur] des deutschen Publikums".

Die Gewinne der Banken wie die Verluste des Publikums sind gleichermaßen im Prinzip des Aktienhandels angelegt. Zwar wird das Publikum durch Dividenden, die meist deutlich über den Sparzinsen liegen, gelockt, Aktien zu kaufen. Doch auf hohe Dividenden folgen oft Kurseinbrüche. Die Entschuldung der Aktiengesellschaften zu Lasten des Publikums liegt indessen in der Natur der Dinge. Schließlich hat das Publikum mit den Aktien Anteile an den Unternehmensschulden gekauft. Die Schulden entstanden durch den Kauf von technischen Anlagen, die naturgemäß einem natürlichen Verschleiß und einer moralischen Veraltung infolge technischer Neuerungen unterliegen. Beides macht es notwendig, alte Maschinen zu verschrotten und durch neue zu ersetzen. Mit den alten Maschinen verschwinden jedoch nicht zwingend die alten Aktien, denn die Schulden aus denen die Aktien entstanden sind, wurden vom Unternehmen nicht getilgt. Tilgen kann eine Aktiengesellschaft ihre Schulden nur durch Kauf der eigenen Aktien. Je tiefer die Kurse fallen, desto weniger kostet die Entschuldung und je mehr Aktien ein Unternehmen billig aufkaufen kann, desto weniger Geld muss es zukünftig für Dividenden ausgeben, denn das Aktienvolumen ist durch den Rückkauf gesunken.

Genauso wichtig wie ein Kursverfall zur rechten Zeit ist, genauso wichtig ist es, dass die Kurse wieder steigen. Denn irgendwann braucht das Unternehmen neue Kredite für neue Investitionen, da wegen hoher Dividendenzahlungen und Aktienrückkäufen zu geringe Rücklagen existieren. Banken blicken beim Beurteilen der Kreditwürdigkeit einer Aktiengesellschaft stark auf die Aktienkurse. Je höher die Kurse, desto kreditwürdiger erscheint das Unternehmen den Banken. Je kreditwürdiger ein Unternehmen erscheint, desto bessere Kreditbedingungen kann es mit der Bank aushandeln. Es erfordert also viel Geschick und gutes Timing um eine Aktiengesellschaft auf Erfolgskurs zu halten. Die Kurse müssen im richtigen Moment fallen und wieder steigen, um sich erst billig entschulden und später billig neuen Kredit verschaffen zu können.

Nicht nur, weil Banken Aktien kaum unter Nennwert verkaufen (sie müssten die Differenz zum Nennwert aus Eigenkapital tilgen), können sich Aktiengesellschaften nie vollständig durch Aktienrückkäufe entschulden. Daher bleiben von jeder Kreditaufnahme alte Aktien zurück. Dadurch wachsen die Aktienvolumen der Gesellschaften im Laufe der Jahrzehnte und übersteigen irgendwann den Wert real vorhandener Sachvermögen. Es entsteht ein Wertkonflikt zwischen dem die Schulden repräsentierenden Aktienvolumen und dem realen Sachvermögen. Während der Wert der als Aktien verewigten Schulden tendenziell steigen soll (siehe S. 27), sinken oder verschwinden die realen Anlagewerte zwangsweise durch Verschleiß. Der Konflikt wird verbal kaschiert; statt von Aktienschulden wird von der Marktkapitalisierung einer Gesellschaft gesprochen. Der Begriff suggeriert, dass hinter dem Aktienvolumen Sachkapital steht. Je größer das Missverhältnis zwischen wachsenden Alt-Schulden und realem Sachvermögen, desto schwerer wird es, die erwartete Dividende zu erwirtschaften.

Trotzdem können Banken immer wieder erfolgreich Aktien ans Publikum verkaufen, denn Aktien versprechen neben Kursgewinnen oft Dividenden, die deutlich über den Sparzinsen liegen. Das verwundert nicht, wenn wir betrachten wie unterschiedlich Dividende und Sparzins entstehen. Normale Bankkredite werden in Raten zurückgezahlt, die *Kreditzins und Tilgung* enthalten. Die Kreditzinsen sind deutlich höher als die Sparzinsen, da die Banken die Differenz zwischen Kreditzinsen und Sparzinsen brauchen, um ihre Betriebskosten zu finanzieren. Folglich zahlen die Banken nur einen Teil der eingenommenen Kreditzinsen als Sparzinsen aus. Wer Aktien kauft, vergleicht die erwartete Dividende natürlich mit den vergleichsweise geringen Sparzinsen, die ein Sparbuch bringen würde. Aktiengesellschaften wiederum vergleichen ihre Kapitalkosten mit den Kreditraten (Kreditzins plus Tilgung), die für normale Bankkredite gezahlt werden müssten. Da sie auf die Tilgungskosten ganz verzichten können, müssen ihre Dividenden nur oberhalb der üblichen Sparzinsen liegen, um attraktiv zu erscheinen. Neben den Tilgungskosten kann also auch ein Teil der Kreditzinsen gespart werden. Deshalb haben junge Aktiengesellschaften ohne Altschulden deutlich niedrigere Kapitalkosten als normale Kreditnehmende. Erst durch das Anwachsen der Altschulden infolge immer neuer Kreditaufnahmen bei unvollständiger Tilgung alter Schulden wächst mit der Marktkapitalisierung einer alten Aktiengesellschaft auch deren Dividendenlast. Infolgedessen muss im Laufe der Zeit ein immer größerer Teil der Einnahmen einer Aktiengesellschaften für Dividenden ausgegeben werden. In der Konsequenz bleibt ein immer kleinerer Teil der Einnahmen für Lohnzahlungen übrig. Hier liegt die zentrale Ursache dafür, dass in sogenannten alten Volkswirtschaften die Lohneinkommen sinken, während die Kapitaleinkommen steigen. Irgendwann reichen die Einnahmen aus dem Verkauf produzierter Waren nicht mehr aus, die Dividenden zu zahlen.

> Denn die hohen Renditen, die Geldvermögensbesitzer erwarten, verlangen einen stetigen Einkommensstrom von den Nicht-Geldvermögensbesitzern zu den Anlegern. Das ist erstens nichts anderes als der Übergang zu einem Akkumulationsregime der Enteignung ..., der Ausplünderung, weil der produzierte (relative) Mehrwert gar nicht reicht, um die Ansprüche der Finanzanleger zu befriedigen.[57]

Trotz des Dilemmas, das Elmar Altvater beschreibt, müssen „die Ansprüche der Finanzanleger" befriedigt werden. Dividenden müssen gezahlt werden, um die Aktienkurse hoch zu halten, da andernfalls mit den Kursen auch die Kreditwürdigkeit einer AG sinkt. Steigende Kreditkosten oder verweigerte Kredite verringern bzw. vernichten die Chancen eines Unternehmens, auf dem Markt zu bestehen. Wenn die Einnahmen nicht mehr ausreichen, notwendige Ausgaben für Löhne und Profite zu tätigen, müssen neue Profitquellen erschlossen werden. Was Sahra Wagenknecht bei General Motors beobachtet, ist kein Einzelfall.

> General Motors etwa erzielt schon seit 2001 den Großteil seiner Profite nicht mit dem Verkauf von Autos, sondern mit seiner Finanztochter GMAC, die am US-Hypothekenmarkt sowie in diversen Spekulationsgeschäften engagiert ist.[58]

Am Beginn dieses Kapitels (S. 37) haben wir gesehen, dass Kapitalmärkte nicht dazu dienen Unternehmen, sondern Banken mit Geld zu versorgen. Indem Banken ihre Schuldscheine als Wertpapiere verkaufen, können sie Kredite teilweise schnell tilgen. Solange Banken ihr selbst geschaffenes Geld in Gold bzw. knappem Bargeld einlösen mussten, ermöglichte schnelle Kredittilgung ihnen, schnell neue Kredite vergeben zu können. Daher wurden Industrieunternehmen mit großem Geldbedarf als Aktiengesellschaften gegründet. Es wurde gezeigt, warum Aktiengesellschaften zwangsweise in Finanzierungsschwierigkeiten geraten. Einen Ausweg bieten neue Märkte mit völlig neuen Produkten.

7.4.   Finanzprodukte

Virtuelle Wertschöpfung

> Gerade bei Zertifikaten fällt es auch den Profis schwer, die Konstruktion zu verstehen.
>
> Michael Höfling, Holger Zschäpitz[59]

Geschichtliche Entwicklungen folgen immer einem ähnlichen Muster. Etwas Neues setzt sich durch, weil es ein Bedürfnis befriedigt oder einer Notwendigkeit dient. Nach und nach verselbständigt sich das Neue, entfremdet sich vom ursprünglichen Grund und entwickelt seine eigene Dynamik. Es entstehen neue Bedürfnisse und neue Notwendigkeiten. Beides führt zur Entwicklung neuer Lösungen. Das dialektische Wechselspiel zwischen Problemen und Lösungen treibt die Geschichte voran. Es hat auch die Finanzmärkte zu dem gemacht, was sie heute sind.

Anfangs entstanden Wertpapiere aus realen Geschäften, wie im Kapitel 7.1: *Börsengeschichte* skizziert. Auch die Industrieaktien basieren auf Kreditgeschäften, denen realwirtschaftliche Geschäfte zu Grunde liegen. Anders als die Schiffsaktien werden sie jedoch nicht durch Verkauf der kreditfinanzierten Waren eingelöst. In ihnen verschmilzt die Idee der Schiffsaktien mit den Prinzipien der Staatsschuldscheine. Industrieaktien suggerieren, dass durch ihren Kauf in einen realen Sachwert investiert wird. Doch während hinter Schiffsaktien reale Waren stehen, deren Ankunft erwartet wird, stehen hinter Industrieaktien Schulden, die für den Kauf von Maschinen und Anlagen aufgenommen wurden. Während Schiffsaktien nach Verkauf der Waren final eingelöst werden, folgen Industrieaktien eher den Staatsschuldscheinen. Durch sie werden Schulden verewigt.[60]

Während der Staat die Zinsen auf seine Staatsschulden aus Steuern bezahlt, müssen Aktiengesellschaften ihre Dividenden aus den Verkaufserlösen ihrer Produkte bezahlen. So wie die Steuerlast durch eine stetig wachsende Staatsschuld stetig wächst, wächst auch die Dividendenlast der Aktiengesellschaften durch stetig wachsende Aktienpakete. Zwar versuchen Unternehmen sich in Zeiten fallender Aktienkurse zu entschulden, doch es gelingt ihnen nie, ihre gesamten Altschulden loszuwerden. Zum einen fehlt den Aktiengesellschaften das nötige Geld, zum anderen wollen nicht alle Aktionär*innen ihre Aktien unter Wert verkaufen. Vielleicht weil sie wissen, dass eine AG die Kurse der eigenen Aktien wieder hoch treiben muss, denn hohe Kurse sind wichtig für die Kreditwürdigkeit einer AG. Die Kreditwürdigkeit ist wiederum wichtig, um bei Aufnahme neuer Kredite für neue Investitionen günstige Kreditbedingungen aushandeln zu können.

Aktiengesellschaften befinden sich in Bezug auf den Wert ihrer Aktien also in einer Zwickmühle. Fallende Kurse ermöglichen ihnen die eigenen Schulden billig aufzukaufen, sich also billig zu entschulden, sofern sie in solchen Zeiten über hinreichende Rücklagen verfügen. Durch den Ankauf (Rückkauf) eigener Aktien verlieren Aktiengesellschaften natürlich Geldvermögen, die dann nicht mehr für Investitionen zur Verfügung stehen. Müssen sie deshalb neue Kredite aufnehmen, sind diese umso günstiger zu haben, je höher die Aktienkurse in dem Moment stehen.

In diesem Spannungsfeld können sich Aktiengesellschaften nie vollständig ihrer Schuldenlast entledigen. Mit zunehmendem Alter einer AG steigt deshalb das Volumen ihrer Altschulden. Das hat zur Folge, dass sich die Aktienwerte zwangsweise von den im Unternehmen real vorhandenen Sachwerten entkoppeln. Während die einst auf Kredit gekauften Anlagen nach und nach verschrottet werden, bleiben von immer mehr alten Krediten ungetilgte Schulden zurück, hinter denen keine realen Sachwerte mehr stehen. Mit Industrieaktien sind so Wertpapiere entstanden, deren Wertentwicklung langfristig in keinem logischen Zusammenhang zur Realwirtschaft steht. Dadurch war die Tür aufgestoßen zu einer völlig neuen Art von Finanzprodukten, den Derivaten.

Da niemand über Ursprung und realen Wert der Aktien nachdachte, war der Handel mit diesen Schuldscheinen zu einer Glaubenssache geworden. Es schien vom Glück abzuhängen, ob Aktionär*innen durch Dividenden reich wurden oder durch Kursverfall verarmten. Es wurden unzählige Bücher über den Wertpapierhandel und die Krisenzyklen geschrieben. Doch nur selten wurden die Motive, die Kursschwankungen verursachen können oder die Gründe, warum Dividenden meist höher als Sparzinsen sind, offen gelegt, wie im letzten Kapitel.

Börsenhandel schien Glückssache. Doch genauso wie Menschen Lotto spielen, wohl wissend, wie gering die Gewinnchancen sind, hält sich der Mythos vom Tellerwäscher, der Millionär werden kann. Interessanterweise gibt es keinen Mythos, der einer Putzfrau den Aufstieg in die Oberklasse verheißt, obwohl auch so etwas gelingen kann. Allerdings sind auch diese Aussichten ähnlich hoch, wie die auf einen Lottogewinn.

Durch den Glauben an eine ständige Wiederkehr des Glücks nahm der Handel mit Aktien nach jedem Börsencrash und nach jeder Finanzkrise immer wieder Fahrt auf. Immer wieder vertrauten Menschen darauf, mit Aktien Geld verdienen zu können. Das System wird nicht in Frage gestellt, sondern längst als sinnvoll und notwendig wahrgenommen.

Hier zeigt sich die Dialektik zwischen Sein und Bewusstsein. Die Existenz von Börsen (das Sein) verändert das Bewusstsein. Finanzprodukte scheinen sinnvoll, einfach weil es sie gibt und scheinbar schon lange gab. In dem Maße, in dem der Handel mit Finanzprodukten immer selbstverständlicher wurde, wurden Banken immer kreativer bei der Entwicklung neuer Papiere und Anlagemöglichkeiten. Die Finanzprodukte verloren nach und nach jeden nachvollziehbaren Bezug zur Realität.

Hinter dem entkoppelten Wachstum der Finanzwirtschaft verbirgt sich ein einfaches, gleichwohl unglaubliches System. Es wurde mehrfach erwähnt, dass mit jeder Geldschöpfung zugleich Schuldscheine entstehen. Wenn sich Banken gegenseitig Kredite geben, haben die dabei entstehenden Geldguthaben und Schuldscheine keinen Bezug zu realwirtschaftlichen Aktivitäten. Irgendwann gegen Ende des letzten Jahrtausends muss jemand auf die Idee gekommen sein, auch solche aus Innerbankenkrediten entstandenen Schuldscheine als Finanzprodukte zu vermarkten. Aus dieser Idee sind die entfesselten Finanzmärkte entstanden, denn nun können Geld und „Waren" (d.h. Finanzprodukte) vollkommen losgelöst von der Realwirtschaft in unbegrenztem Umfang entstehen.

Die neuen, allein durch Kreditaufnahme entstehenden „Handelsgüter" Finanzprodukte zu nennen, ist an sich passend. Finanzprodukte werden von Banken erschaffen. Sie entstehen bei einer Kreditaufnahme als Forderung der kreditgebenden Bank an die kreditnehmende Bank. Die Bankschulden erscheinen also genau wie Aktien, Hypotheken oder Staatsschuldscheine auf der linken Seite einer Bankbilanz als sogenanntes Aktivum.

Banken handeln bereits seit Jahrhunderten erfolgreich mit Schuldscheinen. Bisher hat niemand diesen Handel als Irrsinn gebrandmarkt. Warum also nicht auch mit den neuen Schuldscheinen handeln, die im Zusammenhang mit Innerbankenkrediten entstehen? Warum nicht auch diese Schuldscheine wie Aktien, Hypotheken oder Staatsschulden als Wertpapiere vermarkten?

Dazu war es sinnvoll ihren Ursprung zu verschleiern. Zu diesem Zweck werden immer undurchschaubarere Firmenkonglomerate geschaffen. Am Rand der Legalität und in rechtsfreien Räumen entstehen Schattenbanken. Sie helfen verschleiern, dass es sich bei allen neuen wie alten Finanzprodukten immer nur um eins handelt – um Schuldscheine. Die Finanzindustrie ist geboren. Diese „Industrie" ermöglicht eine „Wertschöpfung" ohne Umweg über irgendeine Art von Warenproduktion. Seit Banken durch Innerbankenkredite gleichzeitig Geld und „Ware" (Finanzprodukte) per Tastenklick erzeugen, hat die Ökonomie eine neue Mathematik erschaffen, in der Null mal Null Unendlich ergeben. Denn wenn Geld und Ware gleichzeitig im Computer entstehen, ohne dass dafür weitere Ressourcen notwendig sind, ist dieser „Wertschöpfung" keine Grenze gesetzt. Diese neue Ökonomie lebt allein von Angebot und Nachfrage.

In einem vom Verein Monetative veranstalteten Vortrag[61] der Professorin für Wirtschaftsrecht, Katharina Pistor, wirft diese ab Minute 20:13 einen Blick auf das Schattenbankenwesen. Sie äußert die Vermutung, dass derzeit etwa 50% des Kreditgeldes in Schattenbanken produziert wird. Ab Minute 23:07 beschreibt sie, wie heute neue Finanzprodukte entwickelt werden. Sie nennt sie Instrumente oder Ansprüche:

> Wenn ich einen neuen Anspruch kreïren will für meine Mandanten, dann guck ich mir die bestehenden Regulierungen in den USA oder in anderen Ländern, wo das Instrument gehandelt werden soll an, als wäre das ein Gerüst, wie ein Gerüst um einen Bau herum, der renoviert werden soll, und ich muss halt dieses neue Instrument durch die Lücken des Gerüstes kriegen. Also ich muss die Regulierungen wissen und ich muss an ihnen vorbei die neuen Instrumente oder zum Teil auch neuen Intermediäre, die diese Instrumente dann handeln können, schaffen. Das ist das, was Anwälte in Großkanzleien letztendlich machen. Sie nutzen das Recht, um auch zu wissen wie man um das Recht herumkommt, um den eigenen Mandanten einen Wettbewerbsvorteil im Markt zu sichern.[62]

Es sollte klar geworden sein, dass Finanzmärkte den Unternehmen nicht dazu dienen sich Kapital für Investitionen zu beschaffen oder sie gegen Risiken abzusichern. Geld wird von Banken geschöpft und Risiken werden durch Versicherungen verteilt. Die neue Welt der Finanzmärkte eröffnet indessen die Möglichkeit, Geld losgelöst von der Produktion realer Waren zu verdienen. Finanzmärkte verschaffen Aktiengesellschaften eine Möglichkeit, Geld außerhalb der Realwirtschaft und völlig unabhängig von Warenproduktion zu verdienen. Mit Finanzmarktgewinnen können sie Dividenden auf jene Schulden zahlen, die sie für realwirtschaftliche Investitionen gemacht haben. So werden die Kapitalmärkte schließlich doch zu Geldquellen der Realwirtschaft. Allerdings dienen sie nicht der Finanzierung der Investitionen oder der Produktion, sondern der Finanzierung der Kapitalkosten. Kapitalkosten, das sind die Dividenden, die eine AG für ihre in Aktien verewigten Kredite zahlen muss.

Rekapitulieren wir den Zusammenhang noch einmal Schritt für Schritt. Eine Aktiengesellschaft braucht Geld für die Vorfinanzierung ihrer Produktion, d.h. für den Bau von Fabrikanlagen. Dafür nimmt sie bei ihrer Bank einen Kredit auf. Die Bank schöpft das Geld, leiht es dem Unternehmen und verkauft später die mit der Geldschöpfung entstandenen Schuldscheine als Aktien ans Publikum. Die Aktiengesellschaft muss für diese Schuldscheine (ihre Aktien) Dividenden zahlen, solange es ihr nicht gelingt diese Aktien – möglichst unter ihrem Nennwert – aufzukaufen. Da sie für neue Investitionen meist neue Kredite aufnehmen muss, steigt der Wert ihres Aktienpaketes, also der Schuldenberg der AG mit jeder neuen Kreditaufnahme. Denn von jedem alten Kredit bleiben Restschulden zurück. Auf den wachsenden Schuldenberg muss die AG ein parallel wachsendes Dividendenvolumen zahlen, da die Höhe der Dividenden Einfluss auf die Höhe der Aktienkurse hat. Hohe Aktienkurse sind eine Voraussetzung für neue günstige Kredite. Günstige Kredite sind wiederum eine Voraussetzung für den Fortbestand des Unternehmens am Markt, d.h. für die weitere Warenproduktion.

Damit eine AG immer wieder neues, frisches Kapital in die Warenproduktion investieren und dadurch weiter Löhne zahlen kann, muss sie für ihre wachsenden Altschulden immer mehr Kapitalkosten als Dividende zahlen. Je höher die Altschulden, desto mehr Einnahmen aus den Verkaufserlösen der produzierten Waren müssen für Kapital- statt Lohneinkommen aufgewendet werden. Wachsende Kapitalkosten werden nicht fällig, weil die Produktion immer mehr Kapital erfordert, sondern weil ein wachsender Berg ungetilgter Altschulden (Schulden für nicht mehr vorhandene Produktionsmittel) weiterhin Dividende fordert.

Die AG benötigt neue Geldquellen, um zu verhindern, dass die Kapitalkosten die Lohnkosten auffressen. Deshalb werden Börsengeschäfte notwendig. Aus Gewinnen aus dem Wertpapierhandel kann die AG dann Dividenden auf ihre Wertpapiere (Aktien) zahlen. Notwendig sind die Finanzmarktgewinne, um wachsende Kapitalkosten (Dividenden) für immer neue realwirtschaftliche Investitionen finanzieren zu können. Im Kapitel 5: *Innovationskraft* wurde gezeigt, warum immer neue realwirtschaftliche Investitionen eine Voraussetzung für fortwährende Lohnzahlungen sind. Da ohne Finanzmarktgewinne keine hinreichenden Dividenden, ohne diese keine neuen Kredite, ohne neue Kredite keine ausreichenden Lohngelder verfügbar sind, ist die Realwirtschaft zu einem Anhängsel der Finanzwirtschaft geworden. Weil Dividenden (Kapitaleinkommen) eine Voraussetzung für die Finanzierung der Warenproduktion sind und damit Voraussetzung für Arbeitseinkommen, wurden Finanzmärkte zum notwendigen Finanzierungssektor der Realwirtschaft. So wird verständlich, warum Staaten die Börsen nach jedem Crash retten. Dieser Logik folgend wird auch das Recht zur Dienerin der Finanzmärkte. Die Geschichte des Geldes belegt, dass der Markt das Recht seinen Bedürfnissen anpasst. Professorin Pistor bringt das in ihrem Vortrag für den Verein Monetative ab Minute 22:00 wie folgt auf den Punkt:

> Und da musste halt das Recht sich auch etwas anpassen und das tut es meistens nur mit Verzögerung.[63]

Bei kritischem Hören offenbart dieser Vortrag viel über die Entkopplung der Finanzwirtschaft von der Realwirtschaft und die Ohnmacht des Rechts.[64] Das erinnert an die Rolle des Rechts im römischen Reich, über die Paul Veyne schreibt:

> Die Römer stehen zwar im Ruf, das Recht erfunden zu haben, und sie haben in der Tat darüber viele Bücher geschrieben und sich einen Sport daraus gemacht, in die Geheimnisse und Irrgänge der Rechtsverhältnisse einzudringen. Das gehörte zur Kultur und war Gegenstand des Nationalstolzes. Daraus darf man jedoch nicht schließen, daß es im täglichen Leben der Römer streng rechtlich zugegangen wäre; die Juristerei ergänzte lediglich das vorhandene Chaos um eine zusätzliche Komplikation, ja um eine neue Waffe, nämlich die Schikane.[65]

Recht ist immer ein Erfüllungsgehilfe der herrschenden Eliten. Doch es ist müßig, über das Recht im Dienst einer destruktiven Ökonomie nachzudenken, solange Geld für den Fortbestand unserer Gesellschaft nötig und dieses Tauschmittel nur ausreichend verfügbar ist, wenn Geldschöpfung Profit verspricht. Der Teufelskreis, in dem immer neues Geld Profit und also noch mehr neues Geld verlangt, erzwingt eine Finanzwirtschaft. Stark vereinfacht geschieht folgendes:

Ein Investmentunternehmen A nimmt beispielsweise 1 Mio. Kredit auf und kauft damit Wertpapiere vom Finanzdienstleister B. B nimmt im Anschluss einen Kredit über 1,1 Mio. auf und kauft dafür Wertpapiere von A. A kann mit diesen Einnahmen den Kredit über 1 Mio. zuzüglich Zins zurückzahlen und den Rest als Gewinn buchen. Solange beide Firmen ihren Handel durch immer größere Kredite finanzieren, können Kredite getilgt und Gewinne verbucht werden.

Die Finanzmärkte sind ein derartiges Kettenbriefsystem. Bei genauer Betrachtung sind sie jedoch nur das finale Element der kapitalistischen Ökonomie, denn Kapitalismus funktioniert insgesamt nur als Kettenbriefsystem. Kapitalismus ist Geldwirtschaft. Geld ist als Tauschmittel existenziell geworden. Die Geldversorgung der Wirtschaft ist – wie inzwischen bekannt – nur gesichert, solange die Geldmenge wächst. Infolge von Profitstreben fließt kontinuierlich Geld aus der Realwirtschaft ab, Geld das für Lohnzahlungen gebraucht wird. Geringere Löhne bedeuten geringere Kaufkraft. Ein Kaufkraftmangel zwingt zu Preissenkungen. Sinkende Preise zwingen die Unternehmen wiederum ihre Kosten zu senken. Das erzeugt Lohndumping. Es entsteht eine Deflationsspirale. Um die zu verhindern, muss ständig neues Geld in die Realwirtschaft gepumpt werden. Daraus folgt ein Zwang zu fortwährendem Geldmengen- und also Wirtschaftswachstum. Hier liegt der Ursprung der kreativen wie destruktiven kapitalistischen Dynamik.

Ein ständiger Geldzufluss in die Realwirtschaft ermöglicht einen kontinuierlichen Geldabfluss aus der Real- in die Finanzwirtschaft. Dieser stetige Geldfluss lässt die Schere zwischen Arm und Reich immer weiter aufgehen. Während sinkende Arbeitseinkommen den Arbeitsmarkt zerstören, erzeugen steigende Kapitaleinkommen eine lähmend wirkende Eigentumskonzentration. Chronischer Geldmangel in der Realwirtschaft und wachsender Geldüberfluss in der Finanzwirtschaft zerrütten die Wirtschaft und destabilisieren die Gesellschaft.

Wir haben die spezifischen Elemente der kapitalistischen Ökonomie kennen gelernt. Dazu gehören der Konflikt zwischen Arbeitseinkommen und Kapitaleinkommen, Tilgung und Profit als Ursachen einer chronischen Nachfragelücke, eine von Profiterwartung abhängige Kreditgeldschöpfung sowie Schuldscheine, die als Vermögenswerte vermarktet werden. Folgen wir so gerüstet nun dem Weg des Geldes durch den Kreislauf.

8. Geldkreislauf

Konträre Dynamiken

> Wenn Geld aus Kredit entsteht,
> können Zahlungsmittel auch nur in
> Höhe des Kreditbetrages entstehen.
>
> Markus Vogtmann[66]

Beim Betrachten der Elemente des kapitalistischen Geldkreislaufes wurde wiederholt darauf hingewiesen, dass wir es mit einem Kettenbriefsystem zu tun haben. Dieses System verändert sich in Teilen immer wieder, da Geldquellen austrocknen und deshalb neue erschlossen werden müssen, um das System am Laufen zu halten. Nachfolgend soll die sich verändernde Dynamik Schritt für Schritt dargestellt werden. Die Grundelemente des Kapitalismus bleiben dabei unverändert. Zu diesen Grundelementen gehört, dass Kreditvergabe immer Geldschöpfung bedeutet, wobei mit dem Geld zugleich Schuldscheine entstehen. Folgerichtig geht Kredittilgung immer mit Geldvernichtung einher, womit analog zur Geldschöpfung das Vernichten entsprechender Schuldscheine verbunden ist. Die Prozesse der Geldschöpfung und Geldvernichtung bzw. der Kreditaufnahme und Kredittilgung sind zwei Seiten einer Medaille und können sich gegenseitig aufheben. Grundsätzlich wäre damit die Möglichkeit für ein stabiles dynamisches Fließgleichgewicht gegeben. Die Kontinuität der Natur basiert auf genau diesem

> ... Kreislaufprinzip. Die Produktion der Pflanzen und der Tiere erfolgt Jahr für Jahr aufs neue. Der Motor dieses Kreislaufs, in dem kein Abfall entsteht, ist die Sonnenenergie. Hier, in der Natur, findet echtes Wachstum statt. Aber dieses Wachstum wird begrenzt und in Schranken gehalten durch den Tod. Die Gegenpole Tod und Leben sorgen im natürlichen, sich selbst regelnden Kreis für ein Fließgleichgewicht, für eine dauerhafte Stabilität.[67]

Der kapitalistische Geldkreislauf kennt jedoch kein solches Fließgleichgewicht. Vielmehr gerät der Geldfluss durch die Profitakkumulation immer wieder ins Stottern. Immer neue Störungen erzeugen immer neue Strategien, um den Geldkreislauf in Gang zu halten. So wandlungsfähig der Kapitalismus dadurch erscheint, so ähneln sich alle Krisenstrategien doch in Einem: es werden immer neue Kreditnehmende gesucht, um in der Summe immer größere Kredite vergeben zu können, damit die Geldmenge fortwährend wächst. Wir werden die Entwicklung der dadurch entstehenden Schuldenspirale in diesem Kapitel Schritt für Schritt verfolgen und dabei Seitenblicke auf die Auswirkungen für die Wirtschaft, die Gesellschaft und die Umwelt werfen.

8.1. Kontokorrentkredite

Warengedeckte Geldschöpfung

> Ab 8. August 1948 wurde das zunächst als sehr drückend empfunden Verbot der Gewährung von Kontokorrentkrediten aufgehoben, wodurch der kurzfristige Bankkredit wieder zunehmend Bedeutung erhielt.
>
> Ludwig Erhard[68]

Beginnen wir unsere Erkundung des Geldkreislaufes mit dem Kontokorrentkredit. Er ist der wichtigste Kredit für die Geldversorgung der Wirtschaft. Zugleich ist er jedoch der von der Geldtheorie am meisten verkannte Kredit. Mittels Kontokorrentkredit können sich (u.a.) Kaufleute Geld für den Wareneinkauf verschaffen. Erfolgt ihr Wareneinkauf solcherart kreditfinanziert, bringen die Kaufleute durch ihre Ausgaben die Kaufkraft für den Verkauf eben dieser Waren in Umlauf. Aus ihren späteren Einnahmen können sie die Kredite dann tilgen. Ausgaben und Einnahmen werden laufend miteinander verrechnet.[69] In einem Kreditgeldsystem ist diese Reihenfolge zwingend. Geld wird durch Kreditaufnahme geschaffen, durch Ausgaben in Umlauf gebracht und nach dem Warenverkauf durch Kredittilgung wieder vernichtet.[70] Mit den verkauften Waren verschwindet dann das Tauschmittel für diese Waren wieder aus dem Kreislauf.

So ein stabiles Fließgleichgewicht wird gestört, wenn Kaufleute ihre Waren nicht mittels Kontokorrentkredit, sondern mit eigenem Guthaben (nachfolgend Eigenkapital) einkaufen. Eigenkapital war im Feudalismus Münzgeld, also ewiges Geld. Einmal durch Prägen entstanden, behielt es seinen Wert dauerhaft. So konnte es dem natürlichen Kreislauf des Werdens und Vergehens nicht folgen. Da es weder mit der Produktion der Waren entstand, noch mit ihrem Verkauf verschwand, gab es immer entweder zu viel oder zu wenig Geld. Solange Geldüberschuss in Truhen verwahrt und nicht als Kaufkraft zum Markt getragen wurde, fiel Geldüberschuss nicht auf. Geldmangel wiederum störte kaum, da 90% der Menschen direkte Warenproduktion betrieben und dadurch über Tauschgüter verfügten.

Heute ist Eigenkapital kein ewiges Geld mehr. Es basiert stets auf fremdem Kredit. Allerdings ist wohl den wenigsten bewußt, dass heutiges Eigenkapital Schulden anderer erfordert. Auch Eigenkapital ist Kreditgeld, doch es wird als ewiges Geld gedacht, nicht als vergängliches Tauschmittel, das wie ein Eigenwechsel im Handel mit den Waren entsteht und vergeht. Das Bilden von Eigenkapital ist mit verantwortlich für die im Kapitel 3 beschriebene Nachfragelücke. Doch der Besitz von Eigenkapital wird nicht bestraft, sondern belohnt. Dafür eine Modellrechnung: Produzieren zwei Unternehmen das Gleiche mit gleichen Kosten und erhalten für 1 Mio. verausgabtes Geld je 1,1 Mio. zurück, muss der Kreditnehmer die 100.000 Mehreinnahmen als Zinsen an die Bank zahlen. Die Eigenkapitalbesitzerin kann ihr Kapital um diesen Betrag vermehren. Eigenkapital schafft ein Ungleichgewicht, das unweigerlich zunimmt. Der Vermögensvorsprung gegenüber den Kreditnehmenden, die Zinsen für allgemein als Tauschmittel benötigtes Geld zahlen, wächst unvermeidlich. Daher der Spruch: Die 1. Million ist am schwersten.

Im Kapitel 6: *Profitstreben* wurde gezeigt, warum das Bilden von Eigenkapital für Unternehmen notwendig erscheint. Vorhandenes Eigenkapital entzieht ein Unternehmen dem Einfluss der Banken. Banken können einen Kontokorrentkredit unter Umständen jederzeit kündigen und dadurch auch das solideste Unternehmen in den Konkurs zwingen. Abgesehen von möglicher Bankenwillkür verlangen Banken für Kontokorrentkredite Vermögenswerte als Sicherheiten. Sind solche nicht in ausreichendem Maß vorhanden, steigen die ohnehin hohen Zinsen zusätzlich. So fördern die geltenden Kreditregeln das Bilden von Eigenkapital, weil Kontokorrentkredite teuer und unsicher sind.

Aus diesen Gründen gibt es heute seitens der Unternehmen wie auch seitens der Banken Vorbehalte gegenüber Kontokorrentkrediten. Der Eigenwechsel[71] war im Wesen jedoch nichts anderes als eine Art Kontokorrentkredit. Geld (Zahlungsmittel) wurde dadurch für den Wareneinkauf geschaffen und nach dem Verkauf der Waren durch Verrechnen von Wechseln größtenteils wieder vernichtet. Das Kreditgeld hat seinen Ursprung also gewissermaßen im Kontokorrentkredit. Wir können Vorläufer des Kontokorrentkredits auch im Kerbholz[72] entdecken. Zwischen uralten Verrechnungsmitteln wie dem Kerbholz und dem zum Ende des Mittelalters entstandenem Eigenwechsel liegen allerdings Jahrtausende, in denen Münzgeld als Tauschmittel verwendet wurde. Das antike wie das feudale eigenwerthaltige Münzgeld wurde neben der Warenherstellung in einem unabhängigen Prozess durch freie Münzprägung erzeugt.

Die dem Kontokorrentkredit vorausgehenden Verrechnungsmittel Kerbholz und Eigenwechsel unterscheiden sich in Bezug auf das Münzgeld wesentlich. Während Kerbhölzer keinen Bezug zu Münzgeld hatten, waren Eigenwechsel zumindest scheinbar durch Münzgeld besichert.

Kerbhölzer basierten allein auf dem Vertrauen, dass der übertragene Wert zu einem späteren Zeitpunkt durch einen entsprechenden Gegenwert ausgeglichen werden wird. Eine Absicherung von Eigenwechseln durch Münzgeld entsprach hingegen weniger der Realität als mehr dem in Jahrtausenden verfestigten Glauben, Geld müsse einen inneren Wert besitzen. Dieser Glaube ist auch nach dem Ende des Goldstandardsystems und der Ausbreitung des virtuellen Geldes nicht verschwunden. Er findet seinen Nachhall darin, dass einer Geldschöpfung im Handel allein auf Basis von Warenwerten noch immer wenig Vertrauen entgegen gebracht wird. Dieser Mangel an Vertrauen ist einer der größten Irrtümer im

Geldwesen wie auch in der Geldtheorie, denn Geld ist immer in erster Linie ein Tauschmittel für Waren. Ja, Geld hat seinen Ursprung in Universalwaren, den Bronzegeräten.[A] Kauf ist letztlich immer eine Art Verrechnung zwischen Geben und Nehmen. Anders als beim Tausch zerfällt beim Geldhandel der Tausch in zwei zeitlich getrennte Akte. Kerbhölzer oder Geld sind im Grunde nicht mehr als durch Verkauf erworbene Guthaben (Gutscheine), die zum Bezug entsprechender Gegenwerte berechtigen. Verrechnen von Werten bzw. Leistungen ist sowohl Ursprung als auch Sinn und Zweck des Geldes. Der Kontokorrentkredit kann das Verrechnen hervorragend leisten. In ihm findet das Zerfallen des ursprünglich zeitgleichen Tausches wertäquivalenter Güter in zwei zeitlich auseinander liegenden Kaufakten seinen vertraglichen Niederschlag.

Durch Verkauf wurde und wird ein Guthaben in Form von Geld, einem Gutschein oder als Kerben erworben. So ein Guthaben kann später gegen ein Wertäquivalent eingetauscht werden. Eine Kerbholzgutschrift ließ sich allerdings nur bei genau denen einlösen, die per Quittungsholz[73] die Schuld eingegangen waren. Nur sie akzeptierten die daraus erwachsene Verpflichtung. Ein Gutschein kann hingegen in allen Einrichtungen oder Filialen eingelöst werden, die ihn akzeptieren, weil sie zum gleichen Unternehmen oder Firmennetz gehören. Geld hat gegenüber den beiden anderen Verrechnungsmitteln den Vorteil, ein universelles Tauschmittel zu sein. Innerhalb eines Währungsraums wird es von allen Unternehmen, Institutionen und Privatpersonen als Gegenwert akzeptiert. Internationale Handelswährungen wie der US-Dollar oder der Euro werden oft sogar außerhalb des gesetzlichen Währungsraums in Zahlung genommen.

Obwohl der Kontokorrentkredit also in jeder Beziehung der Ursprung jeder Art von Geld ist, gelten ausschließlich durch Warenwerte gedeckte Kontokorrentkredite heute als unsicher. Auch ein halbes Jahrhundert nach dem Untergang des Goldstandardsystems besteht noch immer der Wunsch nach einer Gold- bzw. Sachwertdeckung des Geldes. Bekanntlich halten Zentralbanken noch immer Goldreserven. Aus ungebrochenem Glauben an Gold als einzig wahrem Geld wurde bis heute nicht erkannt, dass durch Waren gedeckte Kontokorrentkredite das solideste Instrument der Geldmengensteuerung sind. Das belegt die Aussage Ludwig Erhards am Beginn dieses Kapitels. Wegen fehlender Kreditsicherheiten betrachtete auch er Kontokorrentkredite als verboten. Die Entwicklung in Deutschland nach der Währungsreform 1948 offenbart jedoch, wie missverstanden der Kontokorrentkredit war. Deshalb hier ein kurzer Blick auf diese Zeit.

[A]   Historisch ist alles Geld aus einer Art Kontokorrentkredit entstanden. Gekauft wird mit dem Versprechen, später ein Wertäquivalent anzubieten. Ob dieses Versprechen mittels Kerbholz, als Münzgeld oder per Eigenwechsel abgegeben wird, hat jedoch Einfluss darauf, wie mit dem Versprechen umgegangen werden kann. Kerben auf einem Holz lassen sich nur in einen Gegenwert eintauschen. Münzen lassen sich auch sparen. Eigenwechsel lassen sich auch handeln.

Die Währungsreform 1948 in Deutschland

Vor Kriegsende hatten viele Flüchtlinge ihr gesamtes Guthaben bar abgehoben, weshalb 1945 reichlich Papiergeld im Umlauf war.

„Den dreihundert Milliarden Reichsmark, die sich im Umlauf befanden, stand kaum ein Warenangebot gegenüber."[74]

Folglich verlor die Reichsmark drastisch an Wert.

„Deutschland war nach dem Krieg ein Land mit vielen Währungen geworden: Löhne und Steuern wurden in Reichsmark gezahlt, im Verkehr zwischen alliierten und deutschen Instanzen gab es »Besatzungsgeld«, das nicht in Reichsmark gewechselt werden konnte, wichtigstes Zahlungsmittel waren Zigaretten, für die man auf dem Schwarzen Markt alles erhielt. Im übrigen herrschte Natural- und Tauschwirtschaft … Mindestens die Hälfte aller Geschäfte in Industrie, Handel und Gewerbe wurde im Nachkriegsdeutschland bis Sommer 1948 in der Form von Kompensationen getätigt. Es war üblich, daß Arbeiter Naturallöhne aus der eigenen Produktion oder andere Güter als den wesentlichen Teil ihrer Entlohnung erhielten und daß sie nur die halbe Woche am Arbeitsplatz verbrachten; die übrigen Tage brauchten sie zum Hamstern und Tauschen."[75]

Da der Tauschhandel weitestgehend außerhalb staatlicher Kontrolle stattfand, hatte der Staat 1948 wenig Kenntnis über den Umfang der Warenproduktion. Die hatte 1947 wieder deutlich zugenommen.[76] Als im Sommer 1948 dann die D-Mark als neue Währung in Umlauf gebracht wurde, fand das Geld so Waren auf den Märkten vor. Die über Nacht gefüllten Schaufenster waren jedoch dem amtswidrigen Verhalten des damaligen Wirtschaftsministers zu verdanken.

„Erhard ... hatte ... vorher vorsichtig, aber unüberhörbar zum Horten aufgerufen – „ein eindeutig vorsätzliches Amtsdelikt", wie Theodor Eschenburg, der kluge Ratgeber der Bonner Politik, nicht ohne Bewunderung für die Kühnheit Erhards schrieb."[77]

Doch die Währungsreform drohte zu scheitern.

„Der Zustand der Marktwirtschaft, bei dem sich Angebot und Nachfrage durch freie Preise gegenseitig regulieren, war mit dem Kaufkraftstoß [dem Auszahlen des „Kopfgeldes", d.A] zu plötzlich über die Bevölkerung hereingebrochen. Weder Käufer noch Verkäufer zeigten sich der Situation gewachsen. In den ersten Tagen waren die Läden leer gekauft worden, dann reagierten die ratlosen Konsumenten erbost gegen die Hektik, mit der die Preise in die Höhe kletterten."[78]

Das Auszahlen des „Kopfgeldes" erfolgte in 2 Raten. Am 20. Juni wurden zunächst 40 DM pro Person zugeteilt. Weitere 20 DM sollten 4 Wochen später folgen. Wegen der Preisentwicklung wurde diese Rate jedoch erst 2 Monate später, am 20. August ausgezahlt.[79] Seitdem hat die D-Mark mehr als 90% ihrer Kaufkraft eingebüßt, so dass der Wert von 60 DM kaum noch zu ermessen ist.

In Erinnerung an diese staatliche Geldausgabe sehen viele im Staat bis heute den Schöpfer des Bargeldes, doch das gesamte damals in bar ausgezahlte „Kopfgeld" war Kreditgeld der Geschäftsbanken, dem Staatsschulden gegenüber standen. Nach anfänglichen Preisanstiegen und bald wieder leeren Geschäften wurde im Sommer 1948 das Geld knapp. Zahlungen wurden zunehmend gestundet.[80] Anfang August wurde der Geldmangel schließlich so drückend, dass das Verbot zur Gewährung von Kontokorrentkrediten aufgehoben wurde.

Die Existenz dieses Verbots zeigt, wie missverstanden der Kontokorrentkredit war. Gestundete Zahlungen weisen darauf hin, dass alle darauf warteten, Geld zu empfangen, um selbst zahlen zu können. Doch in einem Kreditgeldsystem muss der ersten Zahlung eine Kreditaufnahme vorausgehen. Nachdem Ludwig Erhard entgegen bestehender Theorien erkannt hatte, dass

„die volkswirtschaftliche Notwendigkeit [des Kontokorrentkredits, d.A.] unabweisbar geworden"[81]

war, erhöhte sich die Geldmenge. „Kurzfristige Ausleihungen" stiegen

„von 1,4 Mrd. DM Ende Juli 1948 auf 3,8 Mrd. DM Ende Oktober und 4,7 Mrd. DM zum Jahresultimo"[82].

Die Gesamtgeldmenge (zu der auch langfristige Ausleihungen gehörten) hatte sich durch Kontokorrentkredite nach Schätzungen etwa verdoppelt. Diese Geldvermehrung brachte das Preisgefüge erneut durcheinander. Zum einen waren nicht alle Kontokorrentkredite durch Waren gedeckt, da nicht nur Kaufleute Kontokorrentkredite aufnehmen konnten. Zum anderen fand Geldschöpfung wie üblich durch langfristige Ausleihungen (für Investitionen) auf Basis der Verpfändung von Sachvermögen statt. Solche Kredite hatten zu Beginn der Währungsreform die Geldmenge bestimmt.

Das Fehlen eines sinnvollen Regelwerkes zur Geldmengensteuerung hat 1948 und 1949 zu turbulenten Preisschwankungen geführt. Ludwig Erhard war damals keineswegs der gefeierte Ingenieur der Währungsreform.

„Im Frankfurter Wirtschaftsrat stellte die Opposition im Sommer und Herbst 1948 zweimal Mißtrauensanträge gegen ihn.
Die Gewerkschaften der britischen und amerikanischen Zone – die viereinhalb Millionen organisierte Arbeiter repräsentierten – riefen schließlich im November 1948 zum Generalstreik »gegen die Anarchie auf den Warenmärkten und gegen das weitere Auseinanderklaffen von Löhnen und Preisen« auf. Etwa neun Millionen Arbeiter folgten dem Streikaufruf am 12. November ..."[83]

1949 begann sich die Preisturbulenzen auf den Warenmärkten allmählich zu legen. Der wirtschaftliche Aufschwung, der später als Wirtschaftswunder in die Geschichte eingehen sollte, wäre an der anfangs schlechten Geldversorgung beinahe gescheitert.

So missverstanden der Kontokorrentkredit bis heute als Instrument der Geldmengensteuerung ist, so hat er doch wesentlich zum Gelingen der Währungsreform beigetragen. In der jungen Volkswirtschaft, die durch den Währungsschnitt ihrer Altschulden größtenteils entledigt war, hatte er eine überragende Bedeutung. Beginnen wir unsere Analyse des kapitalistischen Geldkreislaufes deshalb mit dem einfachsten Modell eines Kreditgeldkreislaufes.[84]

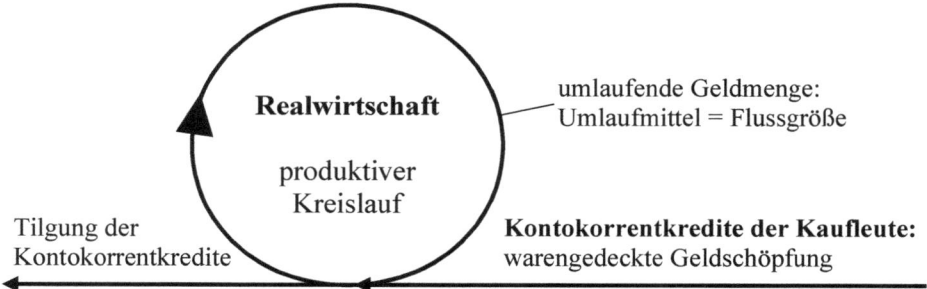

Abbildung 1: Geldversorgung durch Kontokorrentkredite
Geldmenge an Warenwertmenge angepasst

Geld entsteht durch Kreditaufnahme für den Wareneinkauf im Einzelhandel. Mit dem Verkauf der Waren verschwindet das Geld wieder, da die Verkaufserlöse laufend mit der offenen Schuld des Kontokorrentkredits verrechnet werden. Solange die Geldschöpfung zeitgleich mit dem Erscheinen der Waren auf dem Markt und die Geldvernichtung zeitgleich mit dem Verschwinden der Waren vom Markt stattfindet, besteht ein stabiles Fließgleichgewicht; denn Geld verlässt mit Erscheinen der Waren eine Bank und kehrt nach deren Verkauf dorthin zurück.

Bezeichnenderweise gelten Kontokorrentkredite als Zwischenfinanzierung. Tatsächlich ist es die ureigene Funktion des Geldes zwischen dem ersten und dem zweiten halben Tauschakt (Kauf bzw. Verkauf) als Wertersatz/Gutschrift zu vermitteln. Von Geldtheorie und Banken missverstanden, bergen Kontokorrentkredite für Kaufleute jedoch zwei Probleme: die hohen Zinsen und die jederzeitige Kündbarkeit. Unsicherheit und hohe Zinsen motivieren Unternehmen, sich von Kontokorrentkrediten unabhängig zu machen. Sie bemühen sich Eigenkapital zu bilden, siehe Teil 1, Kapitel 4.3: *Eigenkapital*. Das bedeutet, sie streben Einnahmen an, die es ihnen ermöglichen ihren Kontokorrentkredit schrittweise zu reduzieren. Milliardäre wie Jeff Bezos, Götz Werner oder die Aldi-Brüder beweisen, dass es möglich ist, sich von Bankkrediten frei zu machen und ein Handelsimperium mit Eigenkapital zu finanzieren. Bevor wir die Quelle dieses Eigenkapitals aufspüren, ein kurzer Blick auf das Wirtschaftswunder.

8.2.   Wirtschaftswunder

Intermezzo – Erfolg wider Willen

> ...ein junger amerikanischer Leutnant, Edward Tenenbaum... tatsächlich war er der überragende Kopf, der die amerikanischen Währungspläne zielstrebig und erfolgreich gegen deutsche und alliierte Widerstände durchsetzte.
>
> Wolfgang Benz[85]

Das Wirtschaftswunder gilt als große Leistung der Deutschen. Tatsächlich sind den deutschen Fachleuten die Pläne für die Währungsreform von den Alliierten unter klarer Tonangabe durch die USA aufgezwungen worden.

Die deutschen Fachleute versuchten mehrfach, auch protestierend, ihre Vorstellungen zur Geltung zu bringen. Da sie damit völlig erfolglos blieben, verfaßten sie am 8. Juni 1948, dem Tag der Auflösung des Konklaves, eine Resolution, in der sie nach deutscher Sitte das Problem der Verantwortung für die getroffenen Entscheidungen klargestellt haben wollten.[86]

Darin hieß es u.a.:

„Die drei Besatzungsmächte tragen für die Grundsätze und Methoden der Geldreform in ihren Zonen die alleinige Verantwortung. … Alle sachlich wesentlichen Gegenvorschläge der deutschen Sachverständigen mußten … abgelehnt werden, da die Militärregierungen die Verantwortung für deren Verwirklichung nicht glaubten übernehmen zu können."[87]

Tatsächlich waren zwei unorthodoxe Entscheidungen ausschlaggebend für das, nach einem holprigen Start ab 1949 allmählich in Gang kommende Wirtschaftswunder.

Eine Entscheidung war die vom deutschen Wirtschaftsminister Ludwig Erhard bewilligte Freigabe von Kontokorrentkrediten. Diese Entscheidung war ihm selbst offenbar so unheimlich, dass er sie nur in der Erstausgabe seines Bestsellers „Wohlstand für Alle" erwähnte, siehe Textkasten Währungsreform S. 56f. Hierin zeigt sich einmal mehr das völlige Unverständnis für die Bedeutung des Kontokorrentkredites als Instrument der Geldmengensteuerung.

Die zweite wesentliche Maßnahme, die das Wirtschaftswunder ermöglichte, war den Deutschen von den Siegermächten aufgezwungen worden.

Die Grundzüge des alliierten Plans sahen eine siebzigprozentige Streichung aller Altguthaben, die Blockierung weiterer zwanzig Prozent und die Umwandlung von zehn Prozent in neues Geld vor, ferner die Annullierung der Reichsschuld ...[88]

Ob die Alliierten die Deutschen durch diese Vermögensvernichtung enteignen und von fremdem Kapital abhängig machen wollten, kann nur vermutet werden. Tatsächlich taten sie den Deutschen mit dem, gegen deren ausdrücklichen Widerstand durchgesetzten, Schuldenschnitt einen gewaltigen Gefallen, denn mit der Reichsschuld wurden auch große Teile der Kriegsgewinne vernichtet.

Die aus den Kriegsgewinnen erwachsenen privaten Geldvermögen wären direkt nach der Währungsreform zur Quelle neuer Kapitaleinkommen geworden. Das hätte auf die Lohneinkommen gedrückt und das Wirtschaftswunder erschwert, wenn nicht unmöglich gemacht. Die Bevölkerungen der anderen Siegermächte mussten nach dem Krieg die Last der kriegsbedingten Staatsschulden tragen. Vor allem in England und Frankreich drückten diese Schulden auf das Lohnniveau. Die Deutschen wurden durch die Alliierten von dieser Schuldenlast befreit. So wurde eine wesentliche Quelle für Kapitaleinkommen beseitigt. Da Unternehmen durch die Währungsreform von Kapitalkosten für Altschulden befreit waren, konnten sie vergleichsweise hohe Arbeitseinkommen zahlen.

Schuldenschnitt und primäre Geldversorgung durch Kontokorrentkredite waren entscheidende Faktoren für das Gelingen des Wirtschaftswunders. Beides wurde gegen den Willen von Fachleuten und entgegen herrschenden Theorien durchgesetzt. Die Freigabe des Kontokorrentkredites im August 1948 erfolgte ohne Bewusstsein für dessen Bedeutung für die Geldversorgung. Der umfassende Schuldenschnitt ermöglichte ein vergleichsweise hohes Lohnniveau.

Dass gerade die gegen vermeintlich besseres Wissen durchgesetzten Maßnahmen zum Wirtschaftswunder beitrugen, offenbart wie unzureichend die herrschenden Wirtschaftstheorien die Funktionsweise der kapitalistischen Ökonomie beschreiben. Nur durch Missachten dieser Theorien wurde die Währungsreform zum Erfolg.

Wenn wir das Wirtschaftswunder heute wiederholen wollen, müssen wir die damaligen ökonomischen Bedingungen wieder herstellen. Damit meine ich nicht Schumpeters Idee der schöpferischen Zerstörung. Wir müssen nicht wieder alles in Schutt und Asche legen, um einen Neuanfang möglich zu machen. Wir müssen jedoch einen radikalen Vermögensschnitt vollziehen, wie ihn uns die Alliierten 1948 aufgezwungen haben. Durch diesen Vermögensschnitt müssen alle Altschulden und alle überschüssigen Guthaben gelöscht werden. Überschüssige Guthaben sind all jene, für die keine realwirtschaftliche Kreditnachfrage existiert. Außerdem muss die Geldversorgung der Wirtschaft wieder durch Kontokorrentkredite erfolgen. Damit das nicht zu Inflation führt, dürfen andere Kredite nicht durch Geldschöpfung, sondern nur durch echten Geldverleih vergeben werden. Das betrifft u.a. die Investitionskredite.

8.3.   Investitionskredite

Gelddeckung durch Produktionsmittel

> Die treibende Kraft in diesem System ist die Idee,
> dass man Geld investiert, damit hinterher mehr Geld
> herauskommt. Wenn dies kein Schneeballsystem sein
> soll, bei dem sich das Vermögen nur auf dem Papier
> vermehrt, dann muss gleichzeitig die Gütermenge
> steigen.
>
> Ulrike Herrmann[89]

Wie im Textkasten zur Währungsreform erwähnt, gab es von Anfang an (schon vor Einsetzen der warengedeckten Geldschöpfung mittels Kontokorrentkredit) eine Geldschöpfung auf Basis von Sachwerten. Klassischerweise dienten Wohnimmobilien und Industrieanlagen als Sicherheiten. Alle durch solche Sachwerte statt Warenwerte abgesicherten Kredite nenne ich der Einfachheit halber Investitionskredite. Durch Investitionskredite entstand Geld ohne entsprechende Warendeckung. All jene, die aus solchen Krediten bezahlt wurden, die Erbauer der Industrieanlagen sowie die Trümmerfrauen, schufen zwar große Sachwerte, aber keine Konsumgüter. Indem sie mit ihren Einkommen ihren Konsum finanzierten, ermöglichten sie den Kaufleuten ihre Kontokorrentkredite schnell zu tilgen und Eigenkapital zu akkumulieren. Das ermöglichte Kaufleuten immer mehr Waren nicht mehr mittels Kredit, sondern mit Eigenkapital einzukaufen. Infolgedessen entstand immer weniger warengedecktes Geld aus Kontokorrentkrediten. Dadurch wurde die Inflationswirkung der Geldschöpfung durch Investitionskredite verschleiert. Kurz nach der Währungsreform zeigte sie sich jedoch zeitweise.

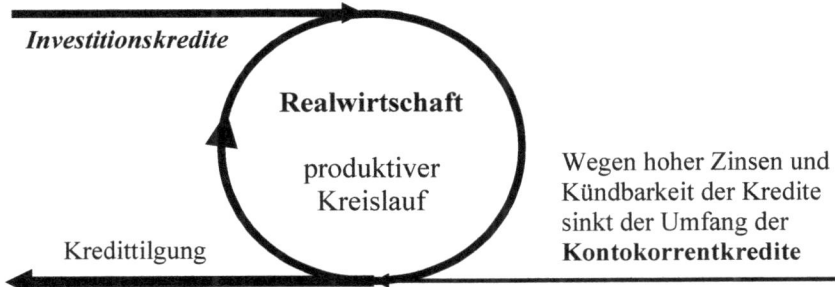

Abbildung 2: Investitionskredite als Geldquelle ermöglichen Eigenkapitalbildung der Kaufleute, ihr Bedarf an Kontokorrentkrediten für den Wareneinkauf sinkt

Das nicht warengedeckte Geld aus den Investitionskrediten wanderte durch den Konsum der Bauleute in die Taschen der Kaufleute. Die Kaufleute konnten dadurch Eigenkapital bilden. Den Geldguthaben der Kaufleute standen vielfältige Investitionskredite als Schulden gegenüber.

Der 2. Weltkrieg hatte große Zerstörungen hinterlassen. Der Wiederaufbau der Häuser, Fabriken sowie der Infrastruktur erforderte umfangreiche Baumaßnahmen. Folglich gab es einen großen Investitionsbedarf. Durch jeden Investitionskredit entstand Geld, für das zwar Gegenwerte in Form neuer Wohnhäuser und neuer Fabrikanlagen geschaffen wurden, doch diese Werte erschienen nicht als Waren auf dem Markt. Trotzdem erzeugten die Investitionskredite keine anhaltende Inflation. Vielmehr ermöglichte der Geldzufluss durch Investitionskredite den Kaufleuten nach und nach auf eigene Kreditaufnahme zu verzichten. Solange in den 1950er und 1960er Jahren die Geldmenge durch Ausweitung der Investitionskredite stieg, konnte die im Kapitel 3 beschriebene *Nachfragelücke* durch diese Geldschöpfung geschlossen werden. Zwei Fehler hoben sich gegenseitig auf, indem eine unzureichende Geldschöpfung durch Kontokorrentkredit durch eine ungerechtfertigte Geldschöpfung für Investitionen ersetzt wurde. Die nicht warengedeckte Geldschöpfung für Investitionen verhinderte einen Geldmangel, der durch fehlende bzw. sinkende warengedeckte Kontokorrentkredite ausgelöst worden wäre. Gleichzeitig wurde die inflationäre Wirkung einer Geldschöpfung für Investitionen durch die deflationäre Wirkung der Tilgung der Kontokorrentkredite aufgehoben.

Was die Wirtschaft in den 1950er und 1960er Jahren stabilisierte und das Wirtschaftswunder erst ermöglichte, erzeugt inzwischen einen ökologisch zerstörerischen Investitionszwang. Denn auch wer kreditfinanziert investiert will diese Kredite zurückzahlen und trotzdem Eigenkapital bilden. Möglich ist das nur, wenn alte Investitionskredite durch neue, größere ersetzt werden.

Das Verlagern der Geldversorgung der Wirtschaft von Kontokorrentkrediten auf Investitionskredite erfordert folglich ständig neue Kreditaufnahme für Investitionen. Das fördert Innovationen nicht nur, es erzwingt sie regelrecht, siehe Kapitel 5: *Innovationskraft*. Denn alle Kredite können nur durch später aufgenommene Kredite getilgt werden. Hierzu eine kurze Beispielrechnung.

Nehmen wir an, die Brüder Aldi – die nach dem Krieg noch kleine Kaufleute waren, aber auf dem Weg zu expandieren – haben für ihren Wareneinkauf einen Kontokorrentkredit in Höhe von 1 Mio. D-Mark aufgenommen. Etwa zeitgleich erhält die Krupp AG einen Investitionskredit über 2 Mio. Damit lässt Krupp eine neue Stahlwalzstraße bauen. Nach einem Jahr ist Krupps Walzstraße fertig und beginnt mit der Produktion. Krupps eigene Leute sowie all jene, die das für Krupps Produktionsanlage nötige Material und den Strom etc. hergestellt und geliefert haben, sind mit den 2 Mio. aus Krupps Investitionskredit bei Aldi einkaufen gegangen. Die Aldi-Brüder konnten dank dieser Einnahmen ihren Kontokorrentkredit in Höhe von 1 Mio. tilgen und außerdem 1 Mio. an Eigenkapital erwirtschaften. Mit den von den Aldi-Brüdern gezahlten Zinsen kamen auch die Bankangestellten bei Aldi einkaufen. Erinnert sei an die Geschichte vom 11. Lederstück im 2. Teil. Dank der Geldschöpfung durch Krupps Kredit können die Aldi-Brüder ihre Wareneinkäufe bald mit Eigenkapital bezahlen und sparen dadurch 12 % Kontokorrentzinsen. Auf 1 Mio. gerechnet bedeutet das jährliche Zinseinsparungen in Höhe von 120.000. Diese Kostenersparnis verschafft ihnen einen bedeutenden Wettbewerbsvorteil. Sie können ihre Preise senken und so fremde Kundschaft anlocken. Dadurch steigt ihr Umsatz und in der Folge ihr Gewinn. Den Gewinn investieren sie in neue Geschäfte und steigern so weiter Umsatz und Gewinn. Aldi wird zur Supermarktkette. Das durch Krupps Investitionskredit in Umlauf gebrachte Geld haben sich die Aldi-Brüder durch ihren Warenhandel angeeignet. Krupp kann seinen Kredit nur zurückzahlen, wenn Krupp selbst oder andere Unternehmen neue und größere Kredite aufnehmen.

Da Kaufleute ihren Handel sicherer und günstiger mittels Eigenkapital als durch Kontokorrentkredite finanzieren, wird das durch fremde Investitionskredite in Umlauf gebrachte Geld durch sie privatisiert (d.h. angeeignet). Diese fremden Investitionskredite können dann ihrerseits nur durch andere, also später erteilte Investitionskredite getilgt werden. Eine Geldversorgung der Wirtschaft auf Basis von Investitionskrediten erfordert folglich immer neue und immer größere Investitionen. Die daraus erwachsenden folgenschweren ökologischen Probleme wurden im 1. Teil dieser Tetralogie skizziert.[90]

Solange der Investitionsbedarf steigt, wächst die Geldmenge stetig. Das macht es möglich, alle Kredite zu tilgen und außerdem Eigenkapital zu bilden. Doch sobald das Wachstum stockt und der Investitionsbedarf sinkt, wird die Geldversorgung der Wirtschaft zum Problem. Entsteht nicht mehr genug neues Geld um existierende Kredite zu tilgen, droht eine Pleitewelle. Steigt die Zahl der Firmenpleiten, sinken die Profiterwartungen. Damit schwindet der Anreiz für neue Investitionen. Durch nachlassende Kreditaufnahme der Unternehmen verringert sich die Geldschöpfung. Die gesamte Geldversorgung der Wirtschaft droht durch diesen Teufelskreis zusammen zu brechen.

In Deutschland war dieser Zustand bereits 1966 erreicht. Der realwirtschaftliche Investitionsbedarf stagnierte.[91] Damit begann die Dauerkrise des Kapitalismus. Um das System am Laufen zu halten, mussten andere Kreditquellen erschlossen werden, denn nur durch permanente Ausweitung der Kreditaufnahme konnte die Geldmenge wachsen. Nur wenn die Geldmenge permanent wuchs, konnte trotz wachsender privater Vermögensbildung genügend Geld umlaufen.[92] Die gesamte Wirtschafts- und Finanzpolitik begann sich diesem Zwang mehr und mehr unterzuordnen.

8.4.   Hypothekenkredite

Bauen, weil wir Geld brauchen

> Die Bauindustrie gilt im Rahmen der staatlichen Konjunkturpolitik als Schlüsselindustrie.
>
> Katherine Nölling[93]

Neben der Geldschöpfung durch den Handel und durch Unternehmen gab es von Anfang an auch eine Geldschöpfung durch private Haushalte. Ein klassisches Mittel waren (und sind) Hypothekenkredite. Solche Kredite wurden und werden meist zum Bau bzw. zum Sanieren von Wohngebäuden vergeben. Teilweise dienten sie auch der Finanzierung privater Unternehmen. In jedem Fall sind Hypothekenkredite durch Immobilien abgesichert. Ab den 1970er Jahren wurden solche Kredite auch zur Konsumfinanzierung genutzt. Besonders ausgeprägt war und ist diese Geldschöpfung in den USA. Um diese private Geldschöpfung anzuregen und in Gang zu halten, wurde der Eigenheimbau gefördert.

Neben dem Fördern des Eigenheimbaus diente eine allgemeine Wohnungsbauförderung der Geldschöpfung. Um eine Kreditaufnahme für den Wohnungsbau zu fördern, bieten sich zwei Möglichkeiten.

1. Mangel an Wohnraum lässt die Mieten steigen, so dass für Wohnungsbaugesellschaften genug Anreiz entsteht, auch kreditfinanziert zu bauen.
2. Subventionieren des Wohnungsbaus macht Bauen profitabel.

Im Wesentlichen zahlte der Staat im Rahmen dieses Instruments entweder Investitionshilfen an private Investoren oder ermöglichte ihnen zinsgünstige Kredite.[94]

Während Wohnungsbaugesellschaften nur bauen, wenn sie erwarten können, investierte Gelder mit Profit zurückzubekommen, werden Eigenheime auch ohne Profiterwartung gebaut. Für den Eigenheimbau genügt der Anreiz, durch Bauen das Wohnumfeld nach eigenen Vorstellungen gestalten zu können. Getragen wird der Eigenheimbau auch von der Hoffnung, im Alter (nach Tilgen der Baukredite) mietfrei leben zu können. Wohneigentum erscheint deshalb privat sinnvoll. Die Kreditnehmenden ahnen wohl mehrheitlich nicht, dass sie durch ihre Kreditaufnahme auch der Gesellschaft einen Dienst erweisen.

Das Fördern von Wohneigentum reicht bis in die 1950er Jahre zurück. Ziel dieser Förderung war es zunächst natürlich, Wohnraum wieder aufzubauen, der im 2. Weltkrieg zerstört worden war. Nachdem der kriegsbedingte Mangel an Wohnraum mehr und mehr behoben war, wurde allmählich Kritik an der Förderung von privatem Wohneigentum laut, denn durch den Bau von Eigenheimen wird Naturraum zerstört. Durch das Zersiedeln der Landschaft gehen natürliche Lebensräume verloren. Wasseraufsaugende Böden werden versiegelt und kühlende Vegetation wird vernichtet, da meist Vegetationsflächen bebaut werden. Diese Kritik wird vor dem Hintergrund von häufiger werdendem Extremwetter immer berechtigter. Extremwetter entstehen unter anderem infolge großer Temperaturunterschiede von Luftmassen. Je dichter und dicker eine Vegetationsschicht ist, desto geringer die Temperaturschwankungen auf der Erdoberfläche und desto geringere Temperaturunterschiede in den darüber liegenden Luftmassen. Ein Wald oder eine Wiese kühlen im Sommer, ein Wald mehr als eine Wiese. Asphaltflächen und nackte Häuserwände heizen sich und die Umgebung auf.

Trotzdem wird die Förderung von Wohneigentum ungehindert fortgesetzt. Natürlich wächst der Bedarf an Wohnraum mit der wachsenden Bevölkerung und dem wachsenden individuellen Anspruch an Wohnfläche. Da trotz Wohnungsmangel und zunehmender Obdachlosigkeit vor allem in den Großstädten jedoch Millionen Quadratmeter Gewerbeflächen leer stehen, besteht kein Zwang Naturflächen zu bebauen. Notwendiger bezahlbarer Wohnraum kann durch Umbau leer stehender Gebäude und Nutzung von Industriebrachen geschaffen werden. Das Sanieren bereits vorhandener Bausubstanz ist in Zeiten, in denen der Sand als Baumaterial knapp wird, ökologisch und finanziell sinnvoll. Um dem Mangel an Wohnraum abzuhelfen, muss massiv gegen Leerstand von Gebäuden vorgegangen werden. Gleichzeitig sollten für Neubauten schon versiegelte Flächen genutzt werden, statt weitere Zerstörung von Vegetationsflächen zuzulassen. Doch Bauen auf Industriebrachen erfordert oft Rückbau und das Beseitigen von Schadstoffen, also zusätzliche Kosten. Bauen soll aber für Privatleute attraktiv sein, denn Wohnungsbau bringt Geld in Umlauf. Zugleich wird dadurch Sachvermögen geschaffen, das mit Hypotheken belastet werden kann, was neue Geldschöpfung ermöglicht. Da die Geldmenge wachsen muss, wird Bauen deshalb möglichst wenig durch ökologische Einwände behindert, denn wir bauen nicht, weil wir Geld haben, sondern weil wir Geld brauchen. Dementsprechend wurde die Förderung von Wohneigentum in Deutschland durch Steuererleichterungen gefördert. Die steuerlichen Mindereinnahmen erreichten 1996 mit

> insgesamt 12,8 Milliarden Euro weniger an Steuern ... den absoluten Höchststand ... Dies machte die Eigenheimförderung zur teuersten Subvention, die jemals in der Bundesrepublik gezahlt wurde. Zum Vergleich: Die politisch heftig umstrittenen Steinkohlesubventionen machten in der Höchstphase lediglich 4,8 Milliarden Euro jährlich aus.[95]

In jenem Jahr wurde die Eigenheimförderung vom System des Steuerabzuges auf ein System staatlicher Zulagen umgestellt. Doch der Umfang staatlicher Subventionierung dieses wirtschaftlichen Segmentes sank dadurch nicht.

> Da sich die Förderung sowohl im Abschreibungs- als auch im Zulagenmodell über mehrere Jahre erstreckte, liefen beide Förderformen einige Jahre parallel, wobei das Gesamtvolumen ungefähr gleich blieb.[96]

Verständlich ist diese Politik nur vor dem Hintergrund der Bedeutung des kreditfinanzierten Wohnungsbaus für die Geldversorgung der Wirtschaft. Während der Anteil privaten Wohneigentums in Deutschland vergleichsweise gering ist, hat private Verschuldung durch Hypothekenkredite in anderen Ländern eine weit größere Bedeutung für die Geldversorgung der Wirtschaft. In Neuseeland ist es beispielsweise fast unmöglich zur Miete zu wohnen, weil es fast nur Wohneigentum gibt. Wer wohnen will, muss ein Haus oder eine Wohnung kaufen und dazu natürlich meist einen Kredit aufnehmen.

Hypothekenkredite haben den Vorteil, dass durch den Kauf von Immobilien pfändbares Eigentum entsteht. Mit Kredit gekaufte Immobilien gelten deshalb bis zur vollständigen Tilgung des Kredits als Eigentum einer Bank. Hypothekenkredite lassen so erkennen, dass Eigentum keine zwingende Voraussetzung für eine Geldschöpfung durch Kreditaufnahme ist. Zwar muss das Eigentumsrecht – die Idee des Eigentums – bereits existieren, um eine Geldschöpfung durch Beleihen von Eigentum in Gang zu setzen. Kreditnehmende müssen aber nicht schon vor der Kreditaufnahme Eigentum besitzen. Sie können beleihbares Eigentum auch erst mittels Kredit kaufen. Banken akzeptieren auch solches Eigentum als Kreditsicherheit. Die Forderung Gunnar Heinsohns und Otto Steigers es brauche

> ...eine Politik, deren Radikalität den historischen Sternstunden der Schaffung von Eigentum nicht nachsteht.[97]

geht deshalb am Kern des Problems der Geldversorgung vorbei. Sie vertreten die Auffassung, wegen der schlechten Verteilung von Eigentum gerate der Prozess der Geldschöpfung ins Stocken. Tatsächlich berücksichtigen Banken bei Einschätzung der Kreditwürdigkeit einer Person aber nicht nur vorhandenes oder entstehendes Eigentum, sondern vor allem die Höhe des Einkommens. Banken beanspruchen zwar Eigentum als Kreditsicherheit, erwarten die Rückzahlung der Kredite aber aus dem Einkommen. Die Idee von Heinsohn und Steiger

> Eigentum muß vorab geschaffen sein, damit es nachher für die Geldschaffung belastet und für den Kredit verpfändet werden kann.[98]

entspricht zwar heutiger Praxis, ist aber nicht zukunftsweisend. Dass im bestehenden Kreditgeldsystem verpfändbares Eigentum als Kreditsicherheit dient, ohne zwingend eine Voraussetzung für die Geldschöpfung zu sein, bedeutet nicht, dass dieses System sinnvoll ist. Vielmehr zwingt das System uns – allen ökologischen Einwänden zum Trotz – zu bauen, weil dadurch Geld in Umlauf gebracht wird. Hypothekenkredite sind nicht Teil der Lösung, sondern Teil des Problems.

Doch Banken sind durchaus bereit auf Kreditsicherheiten zu verzichten. Der Zwang, die Geldmenge ständig ausweiten zu müssen, führt dazu, dass Banken auch wenig solventen (zahlungsfähigen) Personen Kredite erteilen. Nicht ökologische, sondern finanztechnische Gründe geben dafür den Ausschlag.

8.5. Konsumkredite

Ratenkauf ermöglicht Profit

> Allein in der Bundesrepublik Deutschland stieg die Summe aller Konsumentenkredite von 1970 bis zum September 1986 von 30 auf 187,8 Milliarden DM. Das Ratenkreditgeschäft ist in seinen Konditionen teilweise unübersehbar geworden.
>
> Winfried A. Hetger[99]

Karl Marx stellt im 2. Band des Kapitals die Frage:

> Wie kann nun die ganze Kapitalistenklasse beständig 600 Pfd. St. aus der Zirkulation herausziehn, wenn sie beständig nur 500 Pfd. St. hineinwirft?[100]

Eine mögliche Antwort auf diese Frage ist der Ratenkredit. Werden Waren per Ratenzahlung gekauft, dann werden die Waren nicht aus bereits erhaltenem Einkommen, sondern mit durch Kreditaufnahme geschaffenem Geld bezahlt. Kaufkraft entsteht hier also nicht aus Lohnzahlungen der Unternehmen, sondern unabhängig von der Warenproduktion und außerhalb der Produktionssphäre. Neben den in den Kapiteln „Investitionskredite" und „Hypothekenkredite" benannten Geldquellen ermöglichen Ratenkredite der „Kapitalistenklasse" selbst nur 500 Pfund für die Warenproduktion auszugeben und doch 600 Pfund durch Verkauf der so erschaffenen Waren einzunehmen. Die dafür notwendigen zusätzlichen 100 Pfund stammen nicht aus Arbeitseinkommen, sondern aus Konsumkrediten.

Die Rückzahlung solcher Konsumkredite erfolgt aus künftigen Einkommen. Ratenkredite ermöglichen es Unternehmen folglich, heute Gewinne zu buchen, die durch künftige Lohnzahlungen finanziert werden. Hier zeigt sich einmal mehr, dass heutiger Profit auf erst morgen zurück zu zahlenden Krediten beruht. Indem Unternehmen durch firmeneigene Banken Ratenkredite für ihre eigenen Erzeugnisse anbieten, schaffen sie zusätzliche, nicht aus eigener Lohnzahlung stammende Kaufkraft, die ihnen Profite ermöglicht. Private Kreditaufnahme wird so zu einer Quelle für Mehreinnahmen der „Kapitalistenklasse".

Im Grunde hat das Leben auf Pump eine lange Tradition. Wer in der Kneipe anschreiben ließ, verkonsumierte bereits heute einen Teil des Einkommens von morgen. Oft haben Wirt*innen solche offenen Rechnungen mit Kreide auf eine Tafel geschrieben. „In der Kreide stehen" ist deshalb eine Umschreibung für „verschuldet sein".

Auch eine noch nicht beglichene Kerbholzschuld kam einem Leben auf Pump gleich, siehe Teil 2, Kapitel 2.4: *Kerbholzwirtschaft*. In solchen Fällen sprach man davon, dass Schuldner*innen „etwas auf dem Kerbholz haben". Doch Kerbholzschulden waren gewissermaßen aus anderem Holz geschnitzt, als Kreideschulden. Kerbholzschulden konnten oft durch eine Gegenleistung beglichen werden. Sie waren letztlich Ausdruck eines erst halb abgewickelten Tauschgeschäfts.

Wer in der Kreide steht, muss die Schulden dagegen im Allgemeinen mit Geld bezahlen. Es reicht nicht, eine Gegenleistung zu erbringen. Eine Kerbholzschuld konnte durch ein Wertäquivalent ausgeglichen (beglichen) werden. Eine Kreideschuld wird hingegen erst nach Geldzahlung gelöscht (getilgt). So sehr sich diese beiden Arten auf Pump zu leben voneinander unterscheiden, so sehr unterscheiden sich beide von Konsumkrediten. Weder eine Kreide- noch eine Kerbholzschuld erzeugten Geld,[B] ein Konsumkredit schon.

Mit einem solchen Kredit entsteht Geld, um eine Rechnung zu bezahlen. Die Kreditaufnahme verschafft der Verkaufsstelle sofort Einnahmen. In ihren Büchern steht keine Forderung auf spätere Bezahlung, sondern es erscheint direkt eine Einnahme. Der Handel ist für sie abgeschlossen. Ob die Kreditnehmenden ihre Kreditraten vollständig bezahlen, ist für die Verkaufsstelle ohne Belang.

Kerbholz- und Kreideschulden sind hingegen offene Rechnungen. Die Verkäufer*innen haben ihre Gegenleistung bzw. ihre Bezahlung noch nicht erhalten, weil die Konsument*innen noch keine Gegenleistung erbracht haben.

Der Konsumkredit stellt die Verhältnisse auf den Kopf. Durch ihn entsteht in der Hand der Konsumierenden Geld, bevor sie es durch Arbeit verdient haben. Dieses Geld ermöglicht es den Unternehmen, ihre Waren mit Profit zu verkaufen, denn es entsteht Kaufkraft, zusätzlich zu den von den Unternehmen verausgabten Herstellungskosten. Konsumkredite sind ein Mittel für die Verwandlung von investiertem Geld (G) in Ware (W), deren Verkauf dann wundersamerweise mehr Geld (G') einbringt, als für die Produktion der Ware ausgegeben wurden. Marx hat dafür die Kurzschreibweise G-W-G' eingeführt, ohne jedoch zu erklären, wo die Differenz zwischen G und G' herkommt.

Eine Quelle für die Mehreinnahmen durch den Warenverkauf sind Konsumkredite. Mit anderen Worten: Dank einer Geldschöpfung durch Konsum- bzw. Ratenkredite kann die „Kapitalistenklasse" ihre Erzeugnisse für 600 Pfund ver-

---

[B] Mit den Kerben entstand auf dem Gläubigerholz eine Gutschrift, deren Höhe der Schuld auf dem Quittungsholz entsprach. Da eine Kerbholzgutschrift nicht übertragbar war, entstand mit den Kerben kein universelles Tauschmittel, also kein Geld. Die Kerben bildeten lediglich ein Verrechnungsmittel im bilateralen Austausch. Erinnert sei, dass in Kerbholzsystemen zwei Kerbhölzer – ein Gläubiger- und ein Quittungsholz, die unzweideutig zusammen gehörten – bei Abwicklung eines Handels zusammengelegt wurden. In beide Hölzer wurde eine gleiche Anzahl von Kerben eingeschnitten. Die beiden Kerbhölzer unterschieden sich insofern, als nur das Gläubigerholz die Hausmarke (eine Art Familienzeichen) enthielt. Das kleinere Kerbholz ohne Hausmarke war das Quittungsholz.

kaufen, obwohl sie für deren Erzeugung nur 500 Pfund Kaufkraft^c in Umlauf gebracht hat. Ratenkredite sind ganz offensichtlich eine Profitquelle.

Neben den bereits benannten anderen Profitquellen wie Investitionskredit und Hypothekenkredit, wird hier am deutlichsten, dass Geld unabhängig von Warenproduktion allein zum Zweck des Warenkaufs entsteht. Dieses zusätzlich geschaffene Geld ermöglicht den Unternehmen Einnahmen, die höher sind als die Ausgaben. Ratenkredite sind folglich ein Fundament der Profitakkumulation und also der privaten Geldvermögensbildung. Ihr Umfang ist auch in Deutschland beachtlich, wie das Kapitelzitat zeigt.

> Im Jahre 1986 war immerhin jeder zweite bundesdeutsche Haushalt mit einem durchschnittlichen Kreditbetrag von 10.000 Deutsche Mark Kreditnehmer eines Ratenkredites.[101]

Durchschnittlich war also jeder *Haushalt* (zu dem teilweise 2 oder mehr Personen gehören) mit 5.000 D-Mark (etwa 2.500 €) verschuldet. 2005 war das Volumen der Ratenkredite auf knapp 2.840 € *pro Person* gestiegen,[102] trotz sinkender Nettolöhne. Ratenkredite tragen so wesentlich zur Geldschöpfung bei.

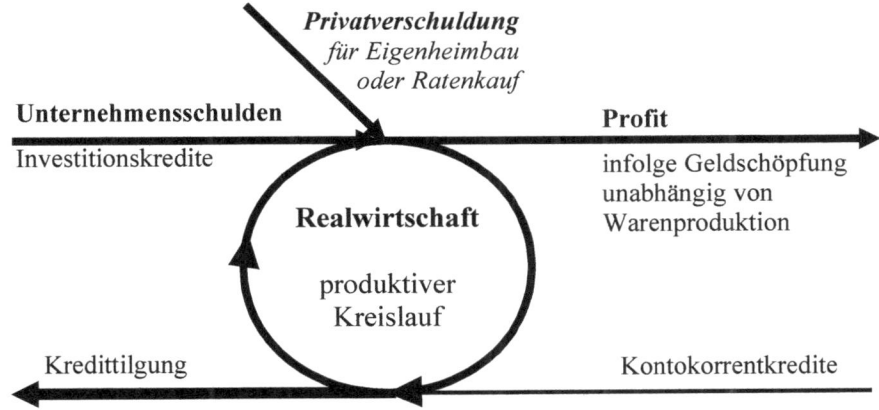

Abbildung 3: Geldschöpfung durch private Verschuldung als Profitquelle

Gerade Ratenkredite lassen bei genauerem Hinsehen das Illusionäre der entstehenden Geldvermögen erkennen. Denn das durch Ratenkredite zum Wareneinkauf geschaffene Geld wird im Zuge der späteren Kredittilgung wieder vernichtet. Theoretisch müssten dadurch auch die infolge Kreditaufnahme geschaffen Geldvermögen wieder verschwinden. Um das zu verhindern, müssen getilgte

---

^{c} Herstellungskosten

Kredite immer wieder durch neue ersetzt, d.h. revolviert werden.

Wird eine Kerbholzschuld beglichen, verschwindet mit den Schulden auch die Forderung, denn das Guthaben wurde eingelöst/verbraucht, indem die Gegenleistung angenommen wurde. Wie aber können Ratenkredite zurückgezahlt werden, wenn die dadurch entstandenen Guthaben nicht ausgegeben werden? Durch Ratenkredit erschaffenes Geld hat Geldguthaben erzeugt. Solange diese Guthaben nicht kaufend zum Markt gehen, können die damit verbundenen Schulden nur durch neues Geld aus neuen Schulden getilgt werden. Während der Zusammenhang zwischen Schulden und Guthaben im Kerbholzsystem für alle sichtbar ist, verliert er sich im Kreditgeldsystem in den Bankbilanzen. Wie bei den bereits betrachteten Investitions- und Hypothekenkrediten (siehe die beiden vorangegangenen Kapitel) können infolge Vermögensbildung auch Ratenkredite nur durch Geldschöpfung im Zuge späterer Kreditaufnahme getilgt werden. Reicht die nicht aus, ist es für die entstandenen Guthaben gut, wenn Ratenkredite nicht getilgt werden. Es ist also im Interesse der Vermögenden, notleidende Kredite (Kredite, deren Raten nicht mehr oder nicht mehr vollständig gezahlt werden) stillschweigend in den Bilanzen der Banken zu verstecken, denn dann müssen mit den Schulden auch keine Guthaben vernichtet werden.

Bereits 1986 soll ein Ratenkreditvolumen von 20 Mrd. D-Mark notleidend gewesen sein.[103] Das waren knapp 11% der damals durch Ratenkredite geschaffenen Geldmenge (siehe Kapitelzitat). Auch diese notleidenden (faulen) Kredite haben dazu beigetragen, Profite zu erwirtschaften und Guthaben entstehen zu lassen. Wenn auf faulen Krediten Guthaben gründen, sind auch die Guthaben faul. Welche fatalen Folgen das Entstehen und Anwachsen fauler Guthaben hat, wird beim Verfolgen des Geldkreislaufes in den kommenden Unterkapiteln Schritt für Schritt aufgezeigt. Wir werden feststellen, dass faule Guthaben ständig auf der Suche nach realen Werten sind, woraus das Bestreben erwächst, alles in Ware zu verwandeln. Faule Guthaben entwickeln deshalb eine fatale Dynamik. Am Ende wird erkennbar, wie wir alle durch diese faulen Guthaben enteignet werden.

Anfangs reagierten die Banken mit einer Vogel Strauß Strategie auf den zunehmenden Konflikt zwischen dem Zwang zum gesamtwirtschaftlichen Geldmengenwachstum und einem parallel wachsenden Mangel an zahlungsfähigen Kreditnehmenden. Die Strategie bestand, wie bereits angedeutet, schlicht darin, faule Kredite in der Bankbilanz zu verstecken. Dass dies erst der Beginn monetärer Verwerfungen war, lässt die Klage eines Bankiers erahnen, der bereits vor 100 Jahren unter dem Pseudonym Argentarius schrieb:

> Ich habe Sehnsucht nach jenen harmlosen Tagen, in denen es zu den größten Verbrechen zählte, wenn eine Bank einmal einen erlittenen Verlust in ihrer Bilanz verschwinden ließ...[104]

Immer mehr faule Kredite verblieben in den Bilanzen. Schließlich begann das Volumen der notleidenden Raten-, aber auch Hypothekenkredite das vorhandene Eigenkapital der Banken zu übersteigen. Durch gesetzlich vorgeschriebene Wertberichtigungen müsste nun nicht nur das Eigenkapital der Banken vernichtet werden, auch private Guthaben würden durch notwendige Wertberichtigungen sinken. Das dadurch offenbar werdende Schrumpfen der Geldmenge würde Unternehmen signalisieren, dass Profit nicht mehr möglich ist. Infolgedessen würden sie keine weiteren Kredite aufnehmen. Damit käme die Geldschöpfung in großem Stil zum Erliegen. Die Folge wäre eine Deflationsspirale. Vor diesem Hintergrund verwundert das Ende 1998 veröffentlichte Bekenntnis von ...

> Wolfgang Rupf, Chef der Bankgesellschaft Berlin, in der Wirtschaftswoche. "Wenn alle deutschen Banken ihre Immobilien nach derzeitigem Liquidationserlös bilanzieren würden, dann gäbe es keine einzige Bank mehr."[105]

...nur Uneingeweihte. Natürlich stellt eine Immobilie immer einen Wert an sich dar, da der Boden unabhängig vom Zustand eines Gebäudes einen Wert besitzt. Wenn Hypotheken nicht mehr bedient werden, weil keine Kreditraten mehr gezahlt werden, wird eine Bank die verpfändeten Immobilien verkaufen wollen. Ist der Wert der Immobilien jedoch geringer als die offene Kreditschuld, reicht der Liquidationserlös aus dem Verkauf der Immobilien nicht aus, die offenen Schulden zu tilgen. Die Bank müsste die Differenzen zwischen den Buchwerten der offenen Schulden und den Verkaufserlösen der verpfändeten Sachwerte (sogenannte Bilanzlöcher) durch das Vernichten von Eigenkapital ausgleichen.

Die Finanzkrise 2007/08 nahm in den USA ihren Ausgang, weil solche Bilanzlöcher in der Summe auf Billionenhöhe angewachsen waren. Die Banken hatten den privaten Haushalten über Jahrzehnte immer höhere Kredite auf den Wert ihrer Immobilien gewährt. Nach und nach begann die Summe der offenen Schulden den Verkaufswert der verpfändeten Immobilien weit zu übersteigen. 2007 wurde in den USA das Ausmaß der jahrzehntelangen Bilanzverschleierung schließlich offenbar. Die nun sichtbar werdenden Bilanzlöcher waren nicht über Nacht entstanden. Da wundert es kaum, dass sie sich mit dem Eigenkapital der Banken nicht mal annähernd schließen ließen. Zu lange schon liefen die Banken in *des Kaisers neuen Kleidern* herum. Zu lange waren sinngemäße Bekenntnisse wie jenes des Chefs der Bankgesellschaft Berlin Wolfgang Rupf: „Der Kaiser ist ja nackt."[D] mit Stillschweigen übergangen worden. Zu lange waren faule Ratenkredite ungetilgt geblieben. Zu lange waren private Immobilien überbewertet und mit zu hohen Krediten belastet worden. So konnte aus vielen kleinen Bilanzlöchern ein großes schwarzes Loch entstehen, das alles Geld zu verschlingen drohte.

[D] Siehe das Märchen von Hans Christian Andersen „Des Kaisers neue Kleider"

8.6. Auslandsverschuldung

Wär't ihr nicht arm, wär'n wir nicht reich

> Dass ich unter enormem Druck stand, aufgeblähte Wirtschaftsprognosen zu erstellen, wurde ebenso verschwiegen wie die Tatsache, dass meine Arbeit größtenteils darin bestand, hohe Kredite zu arrangieren, die Länder wie Indonesien und Panama nie zurückzahlen konnten.
>
> John Perkins[106]

Genau wie die private Verschuldung begann auch die Kreditaufnahme durch das Ausland in Deutschland bereits in den 1950er Jahren. In den folgenden Jahrzehnten wurde diese Geldquelle ausgebaut. Als Türöffner dienten oft kleine, sinnvolle Projekte, die aus Spendenmitteln finanziert wurden. Über diesen Teil der Entwicklungshilfe wird gern berichtet. Später folgen große Investitionsvorhaben. Die ermöglichen es, von deutschen Firmen produzierte Produkte im Ausland für deutsches Geld zu verkaufen. Dieses Geld entsteht durch Kreditaufnahmen der „Entwicklungsländer" bei deutschen Banken. Dadurch wird wie durch die Ratenkredite Kaufkraft geschaffen, die nicht aus Lohnzahlungen der Unternehmen stammt. Das Ausland kauft also mit Geld bei uns ein, das für diesen Konsum geschaffen wurde. Das ermöglicht Profite im Inland.

Wie ein privater Konsumkredit verschaffen ausländische Kredite in der Gegenwart Einnahmen zu Lasten von Schulden, die erst später oder nie zurückgezahlt werden. Wenn beispielsweise ein Autokonzern im Inland Ratenkredite zum Kauf seiner eigenen Autos anbietet, kommen Waren und Geld aus einer Hand. Genauso werden durch „Entwicklungshilfekredite" im Ausland Investitionsgüter und deren Finanzierung aus einer Hand angeboten. Nicht immer ist damit das von John Perkins offenbarte Ziel verbunden (siehe Zitat am Kapitelbeginn), die sogenannten Entwicklungsländer in dauerhafte Abhängigkeit zu bringen. Doch immer hilft sogenannte Entwicklungshilfe der Wirtschaft der sogenannten Geberländer („Industrieländer") weit mehr als den sogenannten Entwicklungsländern, denen Hilfe angeboten wird. Vielmehr werden diese Länder zum Markt für heimische Waren sowie zur Geldquelle für die heimische Wirtschaft, denn durch die Kredite wird Geld in heimischer Währung geschaffen.

Wenn Deutschland beispielsweise Projekte für erneuerbare Energie in der Demokratischen Republik Kongo fördert, verkauft es deutsches Know-how und deutsche Technik und bekommt dafür Euros, die sich der Kongo durch Kreditaufnahme in Deutschland beschaffen muss. Dadurch fließt Geld in den heimischen Kreislauf, während die Schulden im Ausland bleiben. Faktisch handelt es sich um eine „Eigenblutspende" für die Binnenwirtschaft. Entwicklungshilfe ist ein eleganter Weg, die eigene Wirtschaft mit Zahlungsmitteln zu versorgen. Exportüberschüsse ermöglichen so das Entstehen bzw. Wachsen inländischer Geldvermögen auf Basis ausländischer Schulden.

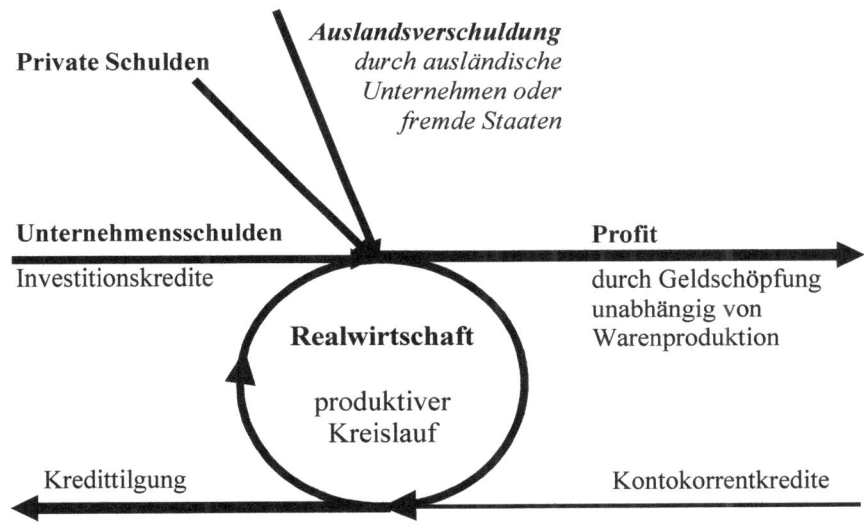

Abbildung 4: Das Ausland als Geld- und Profitquelle

Schon Rosa Luxemburg beschreibt die großzügige Kreditgewährung durch den europäischen Imperialismus, ohne indessen einen Zusammenhang mit der Geldschöpfung zu erkennen.

> Merkwürdigerweise erbot sich das europäische Kapital, durch den verzweifelten Zustand des bankrotten Landes [Ägypten, d.A.] gar nicht abgeschreckt, zu seiner „Rettung" immer neue Riesenanleihen zu gewähren.[107]

Es waren Riesenanleihen in heimischer Währung. Denn mit dem Kapitalismus breitete sich auch das Kreditgeldsystem über den Globus aus. Seitdem sind die Schulden der einen Voraussetzung für die Guthaben der anderen.

Das Kreditgeldsystem schuf den Neokolonialismus. Während der Kolonialismus direkt spürbare Ausbeutung mit der Peitsche betrieb, bedient sich der Neokolonialismus des Schuldscheins. Verschuldung ist das moderne, schwer durchschaubare Instrument der Ausbeutung.

Nach David Graeber stand der Schuldschein schon immer hinter der Peitsche.[108] Das gilt zweifelsfrei für die spanischen Eroberungszüge im 16. und noch im 17. Jh., nicht aber für die Ausbreitung des britischen Weltreichs. Die Expansion des Commonwealth wurde nicht von vorhandenen Schulden, sondern von der Suche nach immer neuen Schuldner*innen angetrieben. Rosa Luxemburg erschien es merkwürdig, dass das europäische Kapital dem bankrotten Ägypten immer neue Anleihen (d.h. Kredite) gewährte. Da die gewährten Kredite jedoch durch die Hintertür nach Europa zurückflossen, erscheint die Kreditpolitik des europäischen Kapitals nicht mehr merkwürdig.

Der europäische und bald auch der nordamerikanische Imperialismus konnten durch Kredite an das Ausland in heimischer Währung immer größere Geldvermögen akkumulieren. Doch Staatsbankrotte zwangen und zwingen immer wieder zu Schulden- und Vermögensschnitten. Dadurch sinkt die Kreditwürdigkeit der überschuldeten Länder.

Ist nichts mehr zu holen, ziehen die „Geberländer" und die Banken auf der Suche nach neuen Schuldnerländern weiter. Nachdem die Verschuldungspolitik der Industriestaaten viele Länder des globalen Südens durch erzwungenen Raubbau verwüstet hat, ist das Problem der Auslandsverschuldung inzwischen im Süden Europas angekommen. Der Kreis der Profiteure dieses Systems wird kleiner.

Protest formiert sich in einer globalisierungskritischen Bewegung. Doch deren Kritik dringt nicht zum Kern des Problems vor. Der Kern des Problems ist nicht die Kreditgeldschöpfung an sich. Das Kernproblem ist die Abhängigkeit der Geldversorgung der Wirtschaft von der Profiterwartung. Es wurde bereits im 1. Teil (Manifest...) erklärt, dass sich der tiefere Sinn von Gesetzen wie CETA und TTIP genau aus dieser Abhängigkeit erklären lässt. Wenn die Geldversorgung der Wirtschaft Profit verlangt, der Markt aber keinen Profit hergibt, muss der Staat im Interesse der Geldversorgung Profit gesetzlich garantieren. Innerhalb der kapitalistischen Systemlogik scheint das die einzige Lösung. Der breite Widerstand gegen diese Gesetze zeigt jedoch, dass es dringend notwendig ist, die bestehende Systemlogik aufzulösen. Um ein neues funktionsfähiges stabiles Regelwerk schaffen zu können, ist es auch wichtig die destruktive herrschende Systemlogik zu verstehen.

Wir kommen immer wieder zum selben Schluss: Es muss immer mehr Geld geschöpft werden, damit die Geldschöpfung nicht endet. Die Geldschöpfung darf nicht enden, weil ständiger Geldabfluss aus der Realwirtschaft ohne einen ausgleichenden ständigen Zufluss in eine Deflationsspirale münden würde. Deshalb genügt es nicht, die Verschuldungspolitik zu kritisieren. Es müssen auch die durch Profitakkumulation entstehenden Vermögen kritisiert werden. Ein Vermögensschnitt ist eine zwingende Voraussetzung für ein neues Wirtschaftswunder.

8.7. Staatsverschuldung

Staatsschulden ermöglichen private Vermögen

> Bei der Bezahlung der Zinsen der Staatsschuld ist es, wie man sagt, die rechte Hand, welche die linke bezahlt. Das Geld geht nicht außer Landes. Es wird nur von der einen Gruppe von Einwohnern ein Teil ihrer Einkünfte auf eine andere übertragen, und die Nation wird nicht um einen Heller ärmer.
>
> Adam Smith[109]

Schon vor den modernen Staatsschuldenkrisen, die sich seit den 1980er Jahren häufen, geriet die Geldversorgung in den Industriestaaten in die Krise. Da sie von Kontokorrentkrediten auf Investitionskredite verlagert worden war, waren immer neue, größere Investitionen nötig, um ein ständiges Wachsen der Geldmenge zu sichern. Infolge der Zerstörungen durch den 2. Weltkrieg, aber auch infolge einer Welle neuer Konsumgüter wie Kühlschränke, Fernseher, Autos etc., wuchs die Geldmenge in den 1950er und 1960er Jahren überall kontinuierlich durch private Kreditaufnahme der Unternehmen. Das kapitalistische System schien seine Kinderkrankheiten überwunden zu haben. „Wohlstand für alle" schien möglich, wenn nicht allzu genau in die Hinterhöfe geblickt wurde. Der Aufschwung der Nachkriegszeit war jedoch nur eine Gunst der Stunde. In den 1970er Jahren geriet das kapitalistische System weltweit in eine neue Dauerkrise. In dieser Krise, die bis heute anhält, offenbart der Kapitalismus seine große Wandlungsfähigkeit. Dadurch gelang es bisher, das System noch immer irgendwie am Laufen zu halten, doch der Spielraum wird Jahr für Jahr kleiner.

In Deutschland endete das durch private Investitionskredite angetriebene Geldmengenwachstum 1966. Die Geldmenge drohte durch weitere Kredittilgung zu schrumpfen. Das hätte einen Teufelskreis in Gang gesetzt, denn mit der Geldmenge würden die Profiterwartungen sinken. Damit sänke auch der Anreiz neue Kredite aufzunehmen und dadurch neues Geld zu schaffen. Die Politik reagierte auf die drohende Deflationskrise mit dem

Gesetz zur Förderung der Stabilität und des Wachstums der Wirtschaft[110]

Es wurde am 8.6.1967 beschlossen. Das Ziel des Gesetzes, die Geldmenge durch staatliche Kreditaufnahme auszuweiten, wurde wie folgt umschrieben:

> Bund und Länder... [haben] bei ihren wirtschafts- und finanzpolitischen Maßnahmen die Erfordernisse des gesamtwirtschaftlichen Gleichgewichts zu beachten.[111]

Die offizielle Idee war, durch Schaffen zusätzlicher Kaufkraft, das Wirtschaftswachstum wieder in Gang zu bringen.[112] Das Gesetz zeigt, wie die Politik von der Ökonomie in Dienst genommen wurde und wird. Es stützt sich auf Ideen des Ökonomen John Maynard Keynes. Danach sollen staatliche Investitionen Wirtschaftswachstum fördern. Infolge des Wachstums werden zukünftig höhere Steuereinnahmen erwartet, aus denen die staatlichen Kredite später getilgt werden sollen. Dazu wurde u.a. am 26.4.1967 die Mehrwertsteuer eingeführt.[113] Das klingt vernünftig, doch Keynes' *deficit spending*-Konzept ist nie aufgegangen. Vielmehr wuchsen überall die Staatsschulden. Nicht nur in den USA und Japan haben sie inzwischen schwindelerregende Höhen erreicht und betragen bereits deutlich mehr als 100 % des jährlichen Bruttoinlandsproduktes.[114]

Verständlich wird das Scheitern der staatlichen Schuldenpolitik durch einen Blick auf den Geldkreislauf. Das durch staatliche Kreditaufnahme geschaffene Geld versickert gewissermaßen in einem Fass ohne Boden. Es fließt zwar zunächst für Investitionen in die Realwirtschaft und ermöglicht Arbeitseinkommen, die nicht aus privater Kreditaufnahme resultieren. Infolge einer wachsenden privaten Geldvermögensbildung verschwindet jedoch fortwährend Geld als Profit aus der Realwirtschaft. Die durch Staatsverschuldung geschaffene zusätzliche Kaufkraft diente letztlich nur dazu, die Geldversorgung der Realwirtschaft trotz des kontinuierlichen Geldabflusses in Gang zu halten.

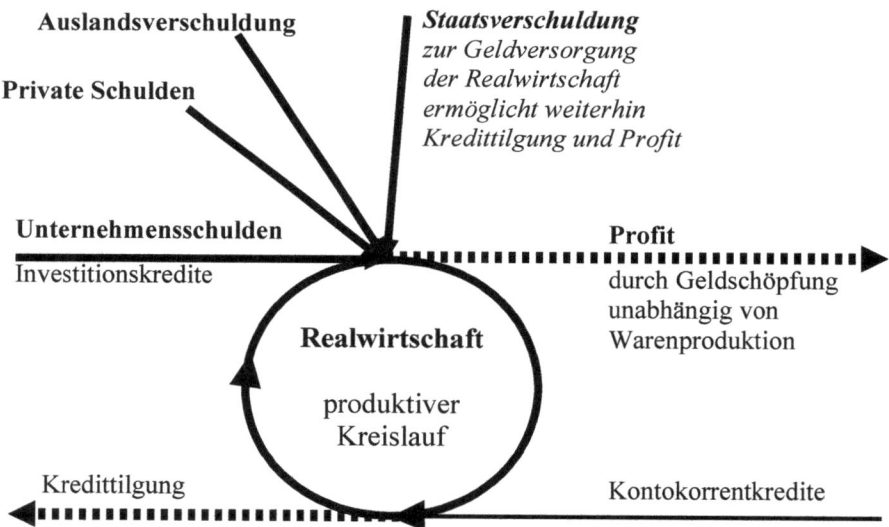

Abbildung 5: Aus Staatsverschuldung resultierendes, durch Staatsausgaben in Umlauf gebrachtes Geld verschwindet durch Kredittilgung und Profitakkumulation kontinuierlich aus der Realwirtschaft

Dank staatlicher Geldschöpfung konnten private Kredite weiter getilgt werden und private Geldvermögen weiter wachsen. Ohne wachsende staatliche Schulden würde der Geldabfluss aus der Realwirtschaft durch Geldvernichtung (Kredittilgung) und Geldhortung (Profitakkumulation) zu Deflation führen. Das Problem der kapitalistischen Ökonomie, die Geldversorgung der Realwirtschaft, schien durch die Staatsverschuldung eine dauerhafte Lösung gefunden zu haben. Doch der chronische Geldabfluss erfordert einen ebenso chronischen Geldzufluss, also ständige Ausweitung der Staatsschulden. Mit den Schulden wuchs lange auch die Zinslast des Staates.

> 7,7 Prozent ihrer gesamten Einnahmen gab die Bundesregierung 1981 für Zinsen aus, und in den letzten elf Jahren haben sich ihre Schulden mehr als versiebenfacht und die Nettokreditaufnahme ist in der gleichen Zeit von 1,1 auf 37,4 Mrd. DM pro Jahr gestiegen ...[115]

Inzwischen ist die Summe der deutschen Staatsschuld auf über 2 Billionen € angeschwollen. Da die Zinsen seit der Finanzkrise 2007/08 jedoch deutlich gesunken sind, mussten 2020 insgesamt „nur" 6,4 Mrd. €[116] für Zinsen ausgegeben werden. Das waren nur 2,4% der Steuereinnahmen.[117]

Legitimiert wird die Kreditaufnahme von Staaten durch fiktives Beleihen des Staatseigentums. Da weder Banken noch Rentenversicherungen an einer Tilgung der Staatsschuld interessiert sind, müssen nur die Zinsen auf die Staatsschuld aus Steuereinnahmen gezahlt werden. Solange das Steueraufkommen ausreicht, die Zinsen auf Staatsanleihen zu bezahlen, gelten Staaten folglich als kreditwürdig. Sinken die Anleihezinsen auf nahezu Null, scheint der Kreditwürdigkeit eines Staates keine Grenze mehr gesetzt. Allerdings lässt sich an Staatskrediten dadurch auch kaum noch etwas verdienen. Das treibt private Rentenkassen in die Krise, da diese hauptsächlich in risikoarme Staatsanleihen investieren, damit nun aber kaum noch Renditen erzielen. Auch für Banken sinkt mit den Zinsen der Anreiz, Staaten Kredit zu geben. Eine staatliche Schuldenbremse ist dann aus mehreren Gründen willkommen. Sie macht die Politik abhängig von den Banken, da Banken Kredite an Bedingungen knüpfen können. Banken entscheiden dann, wofür Staaten Geld bekommen oder ob sie gesellschaftliches Eigentum wie Infrastruktur oder Naturressourcen verkaufen müssen. Letzteres ermöglicht es, Finanzmarktgewinne in reale Werte zu verwandeln. Brauchen Banken Staaten jedoch als Schuldner, gelten Schuldenbremsen nicht. So ermöglichte die Ausweitung der deutschen Staatsschuld 2020 einen Börsenboom trotz Lockdown.[118] Da verwundert es kaum, dass der Höhe der Staatsschulden in vielen Ländern keine erkennbare Grenze gesetzt ist. In der EU wurde zwar festgelegt, dass die Staatsschuld der Euroländer 60% ihres jährlichen Bruttoinlandsprodukts (BIP) nicht übersteigen darf, doch in vielen EU-Ländern ist sie deutlich höher.[119]

Deutsche Staatsschulden

In Deutschland lag die Staatsschuld bezogen auf das BIP von 2003 bis 2017 oberhalb der 60% Grenze. Da die Zentralbankzinsen nach der Finanzkrise 2008 auf nahezu Null gefallen sind, müssen für neu aufgenommene Staatsanleihen kaum noch Zinsen gezahlt werden. Infolge fallender Zinsen sinken die Staatsausgaben in dem Maße, in dem alte, hoch verzinste Anleihen durch neue, niedrig verzinste ersetzt werden können. Ersetzt werden alte Anleihen normalerweise am Ende ihrer Laufzeit. Die Staaten kaufen die fälligen Anleihen dann meist auf, indem sie neue Kredite aufnehmen. Sie bezahlen alte Schulden also mit neuen, d.h. sie schulden um. Formal zeitlich befristete Staatsschulden werden dadurch faktisch zu ewigen Schulden. Doch für neue Anleihen müssen deutlich weniger Zinsen gezahlt werden. Steuereinnahmen, die in früheren Jahren für Zinszahlungen verwendete werden mussten, konnten in den letzten Jahren zum Rückkauf fälliger Anleihen genutzt werden. Deshalb wurden nicht alle alten Anleihen durch neue ersetzt. Eingesparte Zinsen ermöglichten es unter Kanzlerin Merkel die deutsche Staatsschuld von 2015 bis 2019 um insgesamt 128 bis 158 Mrd. Euro[120] zu reduzieren. Die schrittweise Tilgung bewirkte, dass die Schulden 2018 (nach 15 Jahren) wieder unter 60% des Bruttoinlandsprodukts (BIP) sanken.[121]

Es ist jedoch eher die Ausnahme, dass ein Teil der Staatsschuld getilgt wird. Besonders private Rentenversicherungen haben kein Interesse am Rückgang der Schulden, da sie von den Zinsen profitieren. Die neuen Anleihen sind jedoch unverzinst. Die erneute Ausweitung der Staatsschuld um etwa 274 Mrd. Euro[122] im 1. Coronajahr 2020 verschafft den Rentenkassen also keine neuen Zinseinnahmen.

Schwerwiegender ist, dass diese Milliardenkredite in der Realwirtschaft versickert sind, ohne Krankenhäuser und Schulen besser für die Pandemie auszustatten. Milliarden wurden als Coronahilfe für wirtschaftlichen Stillstand ausgegeben, statt notwendige und sinnvolle Investitionen zu tätigen und für gesuchte Fachkräfte marktwirtschaftliche (an Angebot und Nachfrage ausgerichtete)[123] Löhne zu zahlen. Mehr gut bezahltes Personal im Gesundheits- und Pflegebereich würde die Arbeit für alle dort Beschäftigten leichter und dadurch attraktiver machen. Ohne den durch falsche Anreize herbeigeführten Notzustand in den Kliniken hätte die Gesellschaft längst zur Normalität zurückfinden können. Doch die staatlichen Gelder flossen in die falschen Taschen. In der Pandemie wuchsen Armut wie Reichtum. Die Zahl der Insolvenzen stieg ebenso wie die Wertpapierkurse. Finanzmärkte und Schuldnerberatungen boomten.

Nach 5 Jahren Schuldabbau wurden 2020 etwa doppelt so viel neue Schulden aufgenommen, wie zuvor über die Jahre getilgt worden waren. Die Staatsschuld betrug Ende 2020 wieder 65% des BIP. Sie wird 2021 weiter steigen.

Japan ist das Land mit der derzeit höchsten Staatsschuld. Seit langem liegt sie hier deutlich über 100% des BIP. 2010 hat sie die Marke von 200% des BIP überschritten.[124]

> Der Diskont [ein Zentralbankzinssatz, d.A.] ist mit einem halben Prozentsatz „sagenhaft", und die Staatsschulden [Japans, d.A.] werden weiter hochgetürmt, um die Geldinstitute aus ihrer Misere zu befreien ...[125]

Der Staat ist eine unerschöpfliche Geldquelle. Seine Kreditaufnahme verhindert den Zusammenbruch der Geldversorgung. Der Staat ermöglicht den Banken, ihre Bilanzlöcher[126] zu verschleiern, indem er als Bürge oder als Schuldner auftritt. Werden private Schulden z.B. durch Bürgschaft zu Staatsschulden, verwandeln sich faule Kredite in solide Schulden. Ohne den Staat sähen sich viele Banken in der misslichen Lage, Konkurs anmelden zu müssen.

Zweifellos brauchen die Banken die Staaten, die Staaten wiederum brauchen die Banken. Dabei sitzen die Banken am längeren Hebel, denn sie können den Staaten den Geldhahn zudrehen. Die Banken haben die Macht, den Staaten die Bedingungen zu diktieren, unter denen sie Geld bekommen. So können Banken Staaten zum Verkauf von Staatseigentum zwingen. Durch Privatisierung können sich Staaten jedoch nur kurzfristig Einnahmen verschaffen. Langfristig versiegen z.B. durch den Verkauf kommunaler Wohnungen Einnahmequellen des Staates. Kurzfristig fließt auf diese Weise allerdings etwas Geld aus der Finanzwirtschaft in die Realwirtschaft, denn gekauft wird staatliches Eigentum oft mit Geld, das in der Finanzwirtschaft mit Wertpapierhandel verdient wurde. Indem der Staat Einnahmen aus Privatisierungen für staatliche Aufgaben ausgibt, gelangt dieses Geld dann in die Realwirtschaft.

Das Bedürfnis, an den Finanzmärkten verdientes Geld in realen Vermögenswerten anzulegen, hat nach der Finanzkrise 2007/08 stark zugenommen. Damals verschwanden Vermögen im zweistelligen Billionenbereich über Nacht durch Wertberichtigungen in den Bankbilanzen. Um solchen Verlusten in Zukunft vorzubeugen, versuchen viele, ihr an den Börsen erworbenes Geld in Boden und Immobilien anzulegen, es in „Betongold" zu verwandeln. Um dieses Bedürfnis bedienen zu können, werden Staaten durch Austeritätspolitik und Schuldenbremsen gezwungen, Sachvermögen in Ware zu verwandeln und zum Verkauf anzubieten. Hier zeigt sich einmal mehr, wie das Recht den ökonomischen Zwängen untergeordnet wird.

Mit dem Ausverkauf sind Staaten auf dem Weg sich selbst abzuschaffen. Ähnliche Entwicklungen gab es bereits im 2. Jahrtausend v.u.Z.[127] Damals verkauften Staaten erstmals ihren Staatsbesitz und beraubten sich dadurch allmählich ihrer Pachteinnahmen. Dieser Prozess wiederholte sich am Ende des Mittelalters und in der beginnenden Neuzeit im 15.-18. Jh. Beide Male zwang Geldmangel Staaten zum Ausverkauf. In beiden Fällen beraubten sie sich dadurch ihrer Existenzgrundlage, denn schwindende Einnahmen hinderten sie immer mehr daran, ihren staatlichen Pflichten nachzukommen. Verfall der Infrastruktur und des Rechtswesens führte in der Antike zum Untergang mehrerer Reiche. Auch die bürgerlichen Revolutionen, die den Feudalismus beseitigten, gründeten in wachsender Verelendung des Volkes infolge schwindender Ordnungsmacht des Staates.

Dieser Prozess ist dabei sich zu wiederholen. Verhindert werden kann er nur, wenn die Staaten den Mut aufbringen, ihre Geldversorgung weder auf Kreditaufnahme noch auf Privatisierung, sondern auf Steuern zu gründen. Durch eine gezielte Vermögenssteuer könnten in der Finanzwirtschaft angelegte Vermögen abgeschmolzen und die Staatsschulden auf einen Schlag getilgt werden. Dadurch würde gleichzeitig eine Quelle für Kapitaleinkommen sinken. Das würde es ermöglichen, die Arbeitseinkommen zu erhöhen. Staaten betreiben jedoch nicht nur durch Verkauf von Staatseigentum ihre eigene Abschaffung. Fehlende Kontrolle der Geldschöpfung privater Geschäftsbanken trägt ebenfalls zum Zerfall von Staaten bei. Private Gigavermögen untergraben demokratische Strukturen, denn ökonomische Macht verleiht auch politische Macht und erlaubt es jenseits der Gesetze zu agieren. Beispielsweise können YouTube oder Twitter eine Zensur ohne gesetzliche Grundlage durchführen. Das Löschen nicht genehmer Inhalte erhält durch deren Marktmacht im Informationssektor politische Bedeutung. Viele mögen die Zensur gutheißen, ungeachtet dessen ist sie ungesetzlich. In jedem Fall beeinflussen private Konzerne die öffentliche Meinung.

Adam Smith (siehe Kapitelzitat) hat zwar Recht, dass durch staatliche Zinszahlungen eine Nation als Ganzes nichts gewinnt oder verliert, doch diese Geldströme haben Auswirkungen auf die Verteilung des Geldes. Geld wandert dadurch aus vielen Taschen mit Bedarf in wenige Taschen ohne Bedarf. Die Steuern Geringverdienender wandern in die Truhen jener, die bereits mehr als genug haben. Dadurch fehlt Geld zur Bedürfnisbefriedigung, während überflüssiges Geld das demokratische Gefüge gefährdet. Die Französische Revolution, die u.a. für Gleichheit vor dem Gesetz eintrat, hat ihr Ziel nicht erreicht. Der feudale Geburtsadel wurde durch einen kapitalistischen Geldadel ersetzt. Im Feudalismus vererbte sich „blaues Blut", im Kapitalismus vererben sich Vermögen. Wer reich ist, dem wird gegeben. Wer hingegen arm ist, wird durch Arbeit nicht reich.

Warum scheut sich der Staat, Geldvermögen zu besteuern, deren Größe jedes individuelle Konsumbedürfnis übersteigt? Ihre Reduzierung würde keinen Konsumverzicht auslösen. Angeblich sind diese Geldvermögen notwendige Voraussetzung für Investitionen. Doch inzwischen sollte klar sein, dass Investitionen nicht durch Spargeld, sondern durch Geldschöpfung ermöglicht werden. Bevor wir verfolgen, wohin die Geldvermögen aus der Realwirtschaft abwandern, eine kurze Betrachtung über das Sparen.

8.8.   Sparen

Intermezzo – Drei Wege der Zukunftsangst zu begegnen

> … bedarf es des Sparens weder aus finanziellen noch aus volkswirtschaftlichen Gründen. Die Investitionen werden prinzipiell durch Kreditschöpfung der Banken finanziert, deren Umfang keine Sache des Sparens, sondern der Liquiditätsversorgung[E] ist.
>
> Kurt Richebächer[128]

Geld, dass nicht für die direkte Bedürfnisbefriedigung benötigt wird, also weder Waren noch Dienstleistungen kauft, kann unter dem Begriff Spargeld zusammen gefasst werden. Zunächst lassen sich sinnvolles Sparen[129] von destruktivem Horten unterscheiden. Sinnvoll ist Sparen, solange es mit künftigen realen Konsumwünschen korreliert. Dieses Sparen kann auf konkrete Konsumwünsche gerichtet sein, wie ein Auto[F] oder den nächsten Urlaub. Sparen kann aber auch der Absicherung gegen unbestimmte Risiken dienen, wie künftigen Zahnbehandlungen oder Reparaturen am Eigenheim. Werden solche unbestimmten Risiken nicht gesamtgesellschaftlich getragen, sondern der individuellen Vorsorge überlassen, werden Sparziele und damit Spargrenzen unbestimmt. Der Übergang zu destruktivem Sparen ist fließend.

Destruktiv wird Sparen, wenn es jeden Bezug zu realer Bedürfnisbefriedigung verliert. Wo reale Bedürfnisse enden, ist objektiv natürlich nicht zu definieren, sondern individuell sehr verschieden. Doch unabhängig von Fragen der Verteilungsgerechtigkeit stehen einem privaten Milliardenvermögen mit Sicherheit keine adäquaten realen Bedürfnisse mehr gegenüber.

Für das Sparen wie das Horten gibt es heute prinzipiell drei Möglichkeiten. Zunächst kann Bargeld gespart werden, entweder zu Hause oder in einem Bankschließfach. In beiden Fällen ist dieses Geld dem Wirtschaftskreislauf als Tauschmittel entzogen. Diese Art zu Sparen bzw. zu Horten ist mit dem Vergraben von Gerätegeld in der Bronzezeit vergleichbar.[130] Im Wesentlichen ent-

---

[E]   Liquiditätsversorgung bedeutet, Geschäftsbanken benötigen zur Kreditgeldschöpfung Zentralbankgeld, um selbst geschaffenes Buchgeld bei Bedarf in bar auszahlen zu können. Mit dem Sinken des prozentualen Anteils der Barzahlungen am gesamten Zahlungsverkehr sinkt auch der Bedarf an Liquidität (Zentralbankgeld) als Grundlage der Buchgeldschöpfung.

[F]   Der ökologische Sinn eines eigenen Autos, das 90% der Zeit herum steht, steht ohne Zweifel im Konflikt mit dem ökonomischen Sinn. In einer Wirtschaft ohne Wachstumszwang wäre Car-Sharing durch Nutzung von Mietwagen eine sinnvolle Alternative zum eigenen Auto. Der Bestand an Autos ließe sie dadurch wahrscheinlich um deutlich mehr als 50% reduzieren, ohne dass es zu Mobilitätseinschränkungen käme. Im Gegenteil, die Mobilität würde durch frei werdende Parkflächen steigen.

spricht auch das Halten von Geld auf Girokonten dem Sparen von Bargeld. Giralgeld ist die moderne Form des Bargeldes. Bar- sowie Giralgeld sind jederzeit verfügbares Geld. Im 4. Teil dieser Tetralogie wird gezeigt, inwieweit diese Form des Sparens sinnvoll, ja notwendig ist; aber auch wann dieses Sparen sinnlos und destruktiv wird.

Eine zweite Form des Sparens ist das Halten von Geld auf einem Sparbuch, einem Festgeldkonto o.ä. sowie das Nutzen eines Bausparvertrages. Jede Geldverwahrung auf einem Konto, auf das die Eigentümer*innen nicht jederzeit in voller Höhe zugreifen können, verwandelt Bar- bzw. Giralgeld in Spargeld. Heute, da das gesamtgesellschaftliche Sparvolumen weit höher ist als die Kreditnachfrage, ist der Zugriff auf Spargeld kaum noch eingeschränkt.

Wegen des Überangebots an Spargeld sind die Sparzinsen inzwischen auf Null und für große Sparguthaben sogar unter Null gesunken. In der Nachkriegszeit, als die Kreditnachfrage höher war als das damals vorhandene Sparvolumen, konnte Spargeld hingegen nicht jederzeit abgehoben werden. Spargeld war blockiertes Geld, Geld, das auf bestimmte Zeit für die Eigentümer*innen nicht verfügbar war. Zwar wurde auch damals Spargeld nicht direkt verliehen, doch war die Kreditvergabe lange Zeit an das Blockieren von Spargeld gekoppelt. Dadurch wurde im Kreditgeldsystem ein Zusammenhang zwischen Sparen und Kreditvergabe hergestellt.

Die dritte Möglichkeit zu Sparen entführt das Geld in die Welt der Finanzmärkte. Indem Geld statt Waren und Dienstleistungen Finanzprodukte nachfragt, wird es der Realwirtschaft als Kaufkraft entzogen. In der Finanzwirtschaft ruht gespartes Geld jedoch weder in einem Safe noch auf einem Sparbuch. Es jagt durch Kauf und Verkauf von Finanzprodukten als virtuelles Geld unentwegt durch die Computernetze der Banken. Doch obwohl wir das Geld solcherart herumgejagt erleben, handelt es sich auch hierbei um eine Form des Sparens, da dieses Geld seine eigentliche Funktion – Waren oder Dienstleistungen zur direkten Bedürfnisbefriedigung zu kaufen – nicht wahrnimmt. Solange Geld der Realwirtschaft entzogen ist, bleibt seine Kaufkraft aufgespart.

Für die Realwirtschaft haben diese drei Arten des Sparens unterschiedliche Effekte. Zwar sind Bar- bzw. Giralgeld, Spargeld sowie Geld auf Wertpapierkonten für die Realwirtschaft gleichermaßen aufgesparte Kaufkraft, doch die verschiedenen Arten der Geldhaltung haben unterschiedliche Auswirkungen auf den Geld- und Wirtschaftskreislauf. Sparen hat, wie alles in der Welt, eine konstruktive und eine destruktive Dimension. Es ist eine notwendige Voraussetzung für reale Investitionen. Finanzmärkte haben jedoch ein Habitat geschaffen, in dem sich Geld jenseits realer Wertschöpfung vermehren kann. Diese destruktive Dimension des Sparens soll nachfolgend genauer betrachtet werden.

8.9. Innerbankenkredite

Der Finanzierungssektor als Geldmaschine

> Während manche Leute ihre Eheringe verkaufen
> mußten, um essen zu können, schienen andere Leute
> – Leute wie ich, Leute mit Mitteln zum Spekulieren,
> Amerikaner, Engländer, Franzosen, Holländer, Bel-
> gier, Leute aus Osteuropa, deren Nationalität ich
> nicht auf Anhieb bestimmen konnte – schienen alle
> diese Leute und viele Deutsche dazu, mit Papiermark
> wie ausgestopft, gaben sie so schnell wie möglich
> aus, verwandelten sie in Weihnachtsgeschenke, die
> morgen viel mehr kosten würden als heute.[G]
>
> Arthur R.G. Solmssen [131]

Im letzten Kapitel wurden drei Möglichkeiten Geld zu sparen beschrieben. Wenden wir uns hier der dritten Sparmöglichkeit zu: dem Wertpapierhandel. Wie bereits beschrieben, hat der Handel mit Wertpapieren für die Realwirtschaft den gleichen Effekt wie das Halten von Spargeld. Für die Geldeigentümer*innen ist in Wertpapieren angelegtes Geld nicht verloren, sondern es wird nur in eine andere Vermögensform oder einen anderen Liquiditätsgrad verwandelt. Während Geld, mit dem ich Brot oder Bier etc. kaufe, meinen Vermögensbestand mindert, ändert sich mein Vermögensbestand durch Kauf von Wertpapieren zunächst höchstens qualitativ. Nicht die Höhe meines Vermögens sinkt, sondern lediglich der Liquiditätsgrad[H] des in Wertpapieren angelegten Vermögensanteils; denn mit Wertpapieren kann ich (meist) nicht direkt bezahlen. Ich muss Wertpapiere erst in liquide Zahlungsmittel umwandeln, damit sie wieder Geld werden.

Durch Kauf von Wertpapieren verliert mein Geld also seine direkte Zahlungsmittelfunktion, nicht aber seinen Vermögenswert. Deshalb ist der gesamte in der Finanzwirtschaft stattfindende Wertpapierhandel aus realwirtschaftlicher Perspektive eine Form des Sparens. Dieses Sparen wird in normalen Börsenzeiten durch Dividenden oder Kursanstiege der Wertpapiere belohnt. Der erwartete Vermögenszuwachs liegt meist oberhalb der Sparzinsen. Die hohen Renditen werden im allgemeinen mit dem hohen Risiko des Wertpapierhandels begründet. Doch warum wird diese Art des Sparens so belohnt?

Interessanterweise hat diese Form des Sparens in dem Maße zugenommen, in

---

[G] Solmssen beschreibt die Situation während der Hyperinflation in Deutschland 1923. Während die Arbeitseinkommen unter das Existenzminimum sanken, ließ sich durch Börsenhandel mühelos Geld verdienen, denn die Kurse stiegen stetig.

[H] Siehe Kapitel 7.2: *Geldmärkte*

dem der Bedarf an Spargeld sank. Bedarf an Spargeld ergibt sich primär aus realwirtschaftlicher Kreditnachfrage. Obwohl Kredite bekanntlich durch Geldschöpfung bereitgestellt werden, sollen sie zumindest anteilig durch Spargeld (also durch blockiertes Geld) „gedeckt" bzw. gegenfinanziert sein, um Inflation zu vermeiden.

Wie bereits im Kapitel 8.7: *Staatsverschuldung* erwähnt, sank die realwirtschaftliche Kreditnachfrage in Deutschland bereits 1966 so weit, dass der Staat sich gezwungen sah, realwirtschaftlichen Geldmangel durch staatliche Kreditaufnahme zu verhindern. Dieser spezielle Geldmangel folgt jedoch nicht aus gesamtwirtschaftlichem Geldmangel, sondern allein aus schlechter Geldverteilung. Durch Profitakkumulation ist immer mehr Geld in Taschen ohne Bedarf geflossen. Weil hinter diesem Geld kein realer Bedarf mehr steht, wandert es aus der Realwirtschaft in die Finanzwirtschaft ab.

Der Staat könnte sich das in der Realwirtschaft fehlende Geld durch gezielte Besteuerung des Geldes in Taschen ohne Bedarf beschaffen. Stattdessen folgt er dem aus der Profitideologie entspringenden Zwang zum Geldmengenwachstum und betreibt durch Kreditaufnahme Geldschöpfung. Dadurch verstärkte sich die zunehmend schlechter werdende Geldverteilung, denn die durch staatliche Kreditaufnahme aufrecht erhaltene Geldversorgung der Realwirtschaft ermöglicht einen weiteren Geldabfluss in die Finanzwirtschaft. Der Geldzufluss an die Finanzmärkte sichert dort Profite durch steigende Kurse. Das lockt weiteres Geld an die Finanzmärkte.

So war es kein Zufall, dass das Geldvolumen an den Finanzmärkten ab den 1970er Jahren zu wachsen begann. Sinkende Gewinnerwartungen in der Realwirtschaft infolge Bedarfssättigung führten dazu, dass immer mehr Geld in Wertpapieren angelegt wurde. Die Ergebnisse der Gesamtwirtschaftlichen Finanzierungsrechnung[132] wiesen bereits 1969 einen Sprung im Erwerb von Aktien aus. Lag das von 1953 bis 1968 in Aktien investierte Vermögen bei jährlich durchschnittlich 0,5 Mrd. DM, stieg es im Zeitraum 1969 bis 1978 auf durchschnittlich 2,2 Mrd. DM pro Jahr an. 1979 folgte ein zweiter Sprung auf durchschnittlich 4,7 Mrd. DM pro Jahr. Ab 1990 begannen die Aktienmärkte schließlich zu explodieren. Das Anlagevermögen schnellte auf über 34 Mrd. DM hoch. Inzwischen hat es die Billionengrenze überschritten.

Ein Teil des Geldmengenwachstums in der Finanzwirtschaft entsteht durch Geldabfluss aus der Realwirtschaft. Dieser Geldabfluss erzwingt eine ständige Kreditgeldschöpfung unabhängig von Warenproduktion, wie in den Kapiteln 8.3 bis 8.7 beschrieben wurde. Ohne eine solche Geldschöpfung würde der realwirtschaftliche Geldkreislauf versiegen. Das Geldmengenwachstum in der Finanzwirtschaft wird jedoch immer weniger durch Zuflüsse aus der Realwirtschaft, dafür immer stärker durch Innerbankenkredite erzeugt. Innerbankenkredite sind

Kredite, die sich Banken gegenseitig geben, völlig losgelöst von realwirtschaftlicher Wertschöpfung. Diese Geldschöpfung hat sich immer stärker vom Zentralbankgeld emanzipiert.[1] Da mit dem Geld Wertpapiere entstehen, die an den Finanzmärkten als Finanzprodukte vermarktet werden, ist dieser „Wertschöpfung" keine Grenze gesetzt,[J] siehe Abbildung 6.

Solange Banken die Geldmenge durch gegenseitige Kreditaufnahmen aufblähen und für ihre Finanzprodukte Nachfrage besteht, kann die Finanzwirtschaft als Kettenbriefsystem funktionieren. Im Kapitel 7.4: *Finanzprodukte* (S. 49f.) wurde gezeigt, welche Verkettungen die Finanzwirtschaft zu einem scheinbar notwendigen Finanzierungssektor der Realwirtschaft machen.

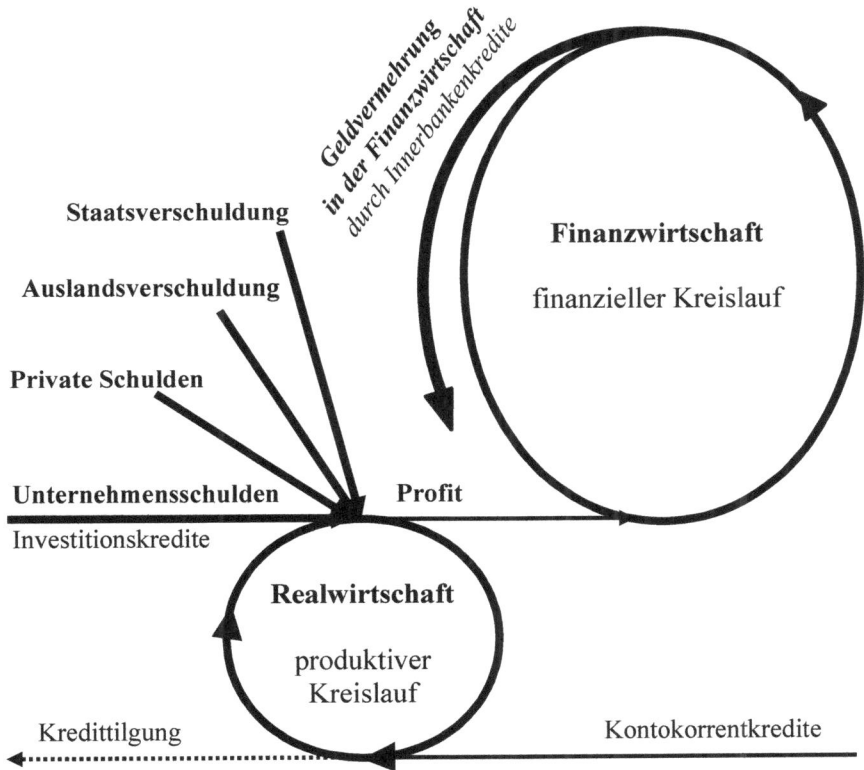

Abbildung 6: Die Profiterwartung an den Finanzmärkten wird durch Innerbankenkredite (Geldschöpfung im Bankensektor) gesichert

---

[1]   Siehe Kapitel 7.2: *Geldmärkte*
[J]   Siehe Kapitel 7.4: *Finanzprodukte*

Die losgelöst von der realwirtschaftlichen Entwicklung in der Finanzwirtschaft anschwellende Geldmenge erzeugt zunehmende Instabilität, weil die inzwischen gigantischen privaten Geldvermögen sich jeder politischen und ökonomischen Kontrolle entziehen. Trotzdem wird die Finanzwirtschaft von der Politik nicht nur akzeptiert, sondern gefördert, denn sie ist inzwischen zu einer notwendigen Geldquelle für die Realwirtschaft geworden.

Zu einem Geldfluss aus der Finanz- in die Realwirtschaft kommt es u.a., wenn in der Finanzwirtschaft erzielte Einkommen für realwirtschaftlichen Konsum ausgegeben werden. Börsenplätze wie die City of London, New York oder Frankfurt am Main leben wesentlich von solchen Geldströmen. Wo Finanzdienstleister und Brokerinnen nach getaner Arbeit in teuren Restaurants teure Weine trinken, wird der Fluss des Geldes aus der Finanz- in die Realwirtschaft sinnbildlich erlebbar. Allerdings droht auch im Investmentbanking ein umfassender Abbau von Arbeitsplätzen. Der Handel mit Finanzprodukten wird zum Teil bereits von Computern durchgeführt. In diesem sogenannten Hochfrequenzhandel werden Transaktionen teilweise in Bruchteilen von Sekunden abgewickelt.[133] Je mehr gut bezahlte Arbeitsplätze im Finanzsektor wegfallen, desto weniger dort entstehende Einkommen können verkonsumiert werden. Dieser Geldzufluss in die Realwirtschaft wird also kleiner werden.

Geld fließt aber auch aus der Finanz- in die Realwirtschaft, wenn Renten aus privaten, kapitalgestützten Rentenversicherungen für Konsum ausgegeben werden. Beim umlagegestützten, staatlichen Rentensystem werden die heute von den Jungen eingezahlten Rentenbeiträge den Alten als Rente ausgezahlt. Diese Rentenbeiträge stammen aus Arbeitseinkommen, also aus der Realwirtschaft. Sie fließen durch den Konsum der Rentner*innen in die Realwirtschaft zurück.

Private Renten basieren demgegenüber darauf, dass die Rentenbeiträge an den Finanzmärkten traditionell in Staatsanleihen angelegt werden. Infolgedessen fließen Zinszahlungen des Staates teilweise in die privaten Rentenkassen. Zahlen die Rentenkassen schließlich Renten aus und werden diese dann für Konsum genutzt, fließt Geld aus der Realwirtschaft (aus Steuern gezahlte Zinsen auf Anleihen) über den Umweg der Finanzwirtschaft in die Realwirtschaft zurück. Ein Teil der allgemeinen Steuern kommt dadurch nur einer kleinen Schicht privat Rentenversicherter zugute, denn es sind eher die Wohlhabenden, die auf diesem Weg einen staatlichen Zuschuss zur privaten Rente erhalten. Inzwischen ist dieses System durch die gegen Null gehenden Zinsen für Staatsanleihen absehbar zum Scheitern verurteilt. Auch dieser Geldzufluss in die Realwirtschaft droht daher zu versiegen.

Ein dritter Geldfluss aus der Finanz- in die Realwirtschaft entsteht durch Privatisierung von Staatseigentum. Das dadurch eingenommene Geld stammt teilweise oder ganz aus Finanzmarktgewinnen. Durch Ausgaben des Staates gelangen die Privatisierungserlöse in die Realwirtschaft. Staaten sehen sich immer dann gezwungen gesellschaftliches Eigentum zu verkaufen, wenn ihre Steuereinnahmen nicht ausreichen, notwendige Ausgaben zu leisten und sie auch keine ausreichenden Kredite bekommen. Statt Geld aus Taschen ohne Bedarf durch Steuern einzuziehen, verkaufen Staaten in solchen Situationen wertvolle Ressourcen gerade an jene, die Geld ohne Bedarf (also überschüssiges Geld) haben. Für Geld, das in immer größerem Maße aus Innerbankenkrediten stammt, also ohne jeden Zusammenhang mit realer Wertschöpfung geschaffen wurde, geben Staaten der Allgemeinheit gehörende Ressourcen wie Wälder, Ackerflächen, Rohstofflager, Wasserreservoire, aber auch mit Steuergeldern errichtete Sozialwohnungen oder Infrastrukturnetze her. Die Lebensgrundlagen der Allgemeinheit werden für virtuelle Zahlen in Bankcomputern hergegeben, die sich als Geld ausgeben, siehe Abbildung 7.

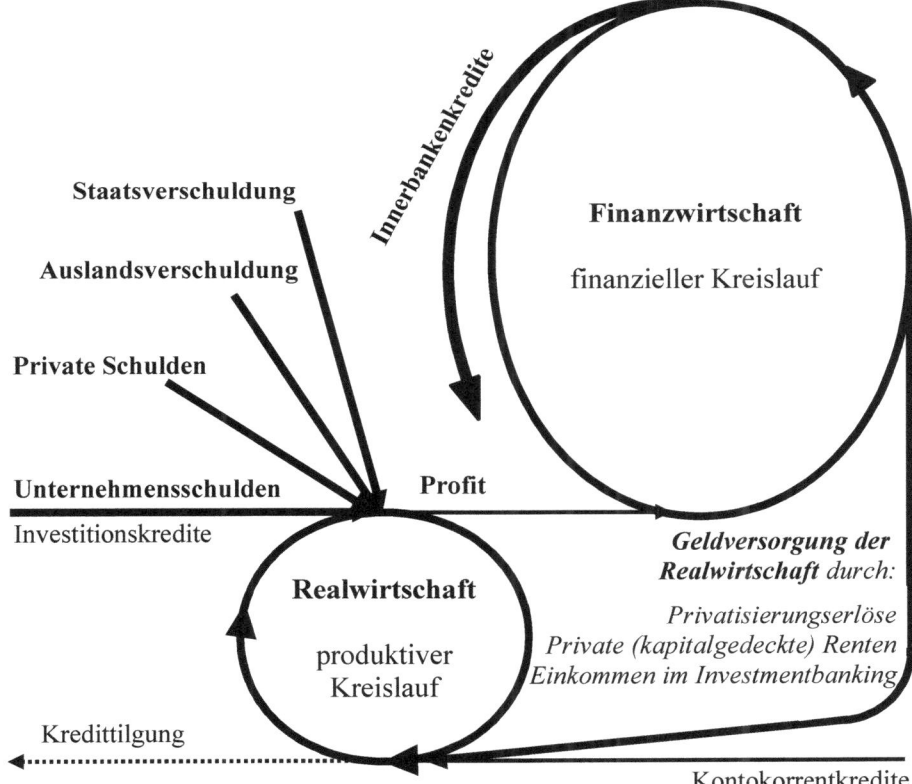

Abbildung 7: Die Finanzmärkte als Geldquelle der Realwirtschaft
Genauso wie die kapitalgestützten Renten und die Einkommen im Invest-

mentbanking werden auch die Privatisierungserlöse sinken. Die Geldbeschaffung des Staates durch den Ausverkauf von Staatseigentum endet spätestens, wenn das gesamte Staatseigentum verkauft wurde. Bis dahin wird die Finanzwirtschaft als letzte Geldquelle der Realwirtschaft ihren Dienst tun. Dabei ist der Ausverkauf des Staates der größte Raubzug der Geschichte. Er vollzieht sich weitestgehend unerkannt und vollkommen ungesühnt. Der Raubzug erfolgt mit Geld, das unabhängig von jeglicher realer Wertschöpfung durch Innerbankenkredite geschaffen und durch Wertpapierhandel angeeignet wurde. Durch diesen Raubzug verschärft sich das Gefälle zwischen Arm und Reich. Denn in der Finanzwirtschaft verdienen die am meisten, die bereits am meisten überschüssiges Geld haben; also Geld, das sie nicht für ihren aktuellen Konsum benötigen.

Zunehmende ökonomische Ungleichheit schafft wachsende soziale Spannungen. Während die Mieten für immer mehr Menschen unbezahlbar werden, kaufen einige wenige ganze Regionen auf, um ihre wachsenden Geldvermögen in reale Werte zu verwandeln. Steigende Kapital- und sinkende Arbeitseinkommen bewirken eine schleichende Zerstörung des Arbeitsmarktes. Lohnarbeit ist ein Wesensmerkmal kapitalistischer Ökonomie. Sie droht zu verschwinden, wenn Arbeitseinkommen kein eigenständiges Leben in Würde mehr ermöglichen, denn dann verliert Arbeit ihren Sinn. Notwendige Arbeit wird nicht mehr erledigt, wenn sie keine lohnende Bezahlung erfährt. Der Pflegenotstand illustriert diesen Zerfallsprozess.

Auf der anderen Seite bedrohen wachsende private Geldvermögen die Demokratie. Milliardenvermögen werden von staatlichen Stellen kaum kontrolliert, ermöglichen aber politische Einflussnahme durch Lobbyismus. Verstärkt wird die Macht der Lobbyisten durch den chronischen Geldmangel der Staaten.

Im letzten Stadium des Kapitalismus wirkt die Ökonomie wie auf den Kopf gestellt. Da die heutigen hochkomplexen Gesellschaften ohne Geld als Zahlungsmittel nicht funktionieren können, müssen sie sich den kapitalistischen Regeln der Geldversorgung unterordnen. Konkret heißt das, die Geldmenge muss ständig wachsen. Das ist im Grunde nur noch in der Finanzwirtschaft durch Innerbankenkredite möglich. Es wurde gezeigt, wie auf unterschiedliche Weise versucht wird, das dort entstehende Geld in die Realwirtschaft einzuspeisen. Es ist jedoch absehbar, dass alle diese Geldflüsse irgendwann versiegen werden. Bis dahin fungiert die Finanzwirtschaft mehr schlecht als recht als Geldquelle der Realwirtschaft. Tatsächlich fließt nur ein verschwindend geringer Teil des an den Finanzmärkten entstehenden Geldes durch Konsumausgaben in die Realwirtschaft. Der weitaus größte Teil verbleibt in der Finanzblase auf der Jagd nach Rendite. Deshalb kommt es trotz der dort rasant wachsenden Geldmenge nicht zu einer adäquaten Inflation.

Eine gewisse Inflation entsteht jedoch durch steigende Immobilienpreise. Die

Preise ziehen an, weil immer größere Finanzmarktgewinne nach realen Sachwerten suchen. Das treibt u.a. die Preise für Land und Immobilien, aber auch für Kunst in schwindelerregende Höhen. Während steigende Gewerbemieten auch die Warenpreise steigen lassen, reduzieren steigende Wohnungsmieten gleichzeitig die verbleibende Kaufkraft. Die zunehmende Inflation wird die Mittelschicht weiter zerstören. Ein vielfach in Büchern, Filmen und Vorträgen angekündigter neuen Crash wird den Zerfallsprozess beschleunigen. Es gehört nicht viel dazu, heute einen Finanzkollaps in naher Zukunft zu prophezeien. Doch es reicht nicht darauf zu hoffen, der eigene Name könne an Gewicht gewinnen, indem nach dem nächsten Crash auf die Richtigkeit der eigenen Prognose verwiesen wird. Es ist längst 5 nach 12. Es ist höchste Zeit, nicht auf das Ende zu lauern, sondern den Neustart nach dem großen Crash zu planen. Dabei sollten wir nicht darauf hoffen, dass die Frösche den Sumpf trockenlegen, wie wir es nach der Finanzkrise 2007/08 getan haben. In den Topetagen fehlt es offensichtlich an Expertise. Zumindest bekennt Professor Peter Drucker:

> We … have no theory for an international economy that is fueled by world investment rather than world trade. As a result, we do not understand the world economy and cannot predict its behaviour or anticipate its trends … We also have no law for this new world economy. No country … has thought trough the rules.[134]

> Wir ... haben keine Theorie für eine Ökonomie, die mehr von den Finanzmärkten als den Warenmärkten angetrieben wird. Infolgedessen verstehen wir die Weltwirtschaft nicht und können ihr Verhalten nicht vorhersagen oder an ihren Trends teilhaben ... Genauso wenig haben wir ein Gesetz für diese neue Weltwirtschaft. Kein Land ... hat die Regeln durchdacht. [Ü.d.A.]

Es fehlen ganz offensichtlich Regeln für ein krisenfreies Finanz- und Wirtschaftssystem.

Um im 4. und letzten Band der „Quadratur des Geldes" ein langfristig tragfähiges Regelwerk entwickeln zu können, sind noch ein paar Überlegungen darüber sinnvoll, wie sich der Geldfluss möglichst kontinuierlich in Gang halten lässt. Die Vision ist, ein Geldsystem zu schaffen, das zwar schwankende Preise kennt, um Angebot und Nachfrage aufeinander abstimmen zu können, das aber langfristig eine stabile Kaufkraft des Geldes gewährleistet. Ziel ist es, eine freie Marktwirtschaft zu ermöglichen: eine Wirtschaft, deren Warenmärkte frei von Monopolen sind und auf deren Arbeitsmärkten Löhne ausgehandelt werden können, die ein selbstbestimmtes Leben in Würde sichern. Um dieses Ziel zu erreichen, muss Geld vom Machtmittel zu einem Hilfsmittel umfunktioniert werden.

9.　Geldfluss

Inflation – eine Therapie, die krank macht

> Erst einmal wieder richtige Proportionen im Preissystem, ohne Inflation, herzustellen, ist ein Kardinalproblem, dessen Lösung ein gewaltiger Fortschritt wäre. ...
>
> Kurt Richebächer[135]

Stabiles Geld findet seinen Ausdruck in stabilen Preisen. Heute ist es jedoch erklärtes Ziel der Zentralbanken, eine geringe Inflation zu erzeugen. Für dieses Ziel gibt es zwei Motive. Zum einen hat die Geschichte gezeigt, dass Deflationskrisen zu Massenarbeitslosigkeit mit verheerenden sozialen Auswirkungen führen und solche Krisen nur schwer zu beenden sind. Eine schleichende Inflation soll einer ständig drohenden Deflationskrise vorbeugen. Zum anderen besteht die Idee, dass schleichende Geldentwertung Sparen unattraktiv macht und Geld dadurch im Umlauf bleibt. Dabei werden zwei Aspekte vollkommen übersehen.

An den Finanzmärkten zirkulieren immer gigantischere Geldmengen in immer größerer Geschwindigkeit. Im Hochfrequenzhandel werden Transaktionen z.T. in Mikrosekunden abgewickelt. Seitdem Milliardenbeträge im Börsenhandel bewegt werden, können schon geringe Kursveränderungen von Finanzprodukten Millionengewinne einbringen. Daher reagieren Computer auf Kursbewegungen in Bruchteilen von Sekunden. Die schnellsten Computer schöpfen die Gewinne ab. Die chronische Inflation im Wertpapierhandel hat den Geldumlauf so bereits bis an die Grenzen des technisch machbaren beschleunigt. Diese hohe Umlaufgeschwindigkeit löst jedoch keines der Probleme im Geldkreislauf, denn die gesamte Geldzirkulation in der Finanzwirtschaft ist aus Sicht der Realwirtschaft nur eine moderne Form von Geldhortung. Gegen den chronischen Geldmangel in der Realwirtschaft hilft diese extreme Umlaufgeschwindigkeit deshalb nicht.

In der Realwirtschaft dient Geld der Befriedigung natürlicher Bedürfnisse. Die entstehen immer neu. Ein stetiger Geldfluss wird daher ohne Inflation, allein durch bedürfnisgetriebenen Handel in Gang gehalten. Gerade einkommensschwache Schichten brauchen keinen Antrieb, um ihr Einkommen jeden Monat vollständig auszugeben. Vor allem sie werden durch schleichende Inflation permanent geschädigt. Auch reduziert fortwährender Kaufkraftverlust den Wert des Spargeldes. Zweifelsfrei bewirkt Inflation eine Erhöhung der Umlaufgeschwindigkeit des Geldes. Das ist in der Finanzwirtschaft klar erkennbar. In der Realwirtschaft erzeugen jedoch erst hohe Inflationsraten erkennbare Effekte. Weniger Armut oder bessere Bedürfnisbefriedigung werden dadurch nicht erreicht. Im Gegenteil, Inflation fördert die Verarmung. Erinnert sei an die Hyperinflation 1923. Inflation ist nie ein sinnvolles Mittel, den Geldfluss in Gang zu halten.

9.1. Gelddeckung

Vom Verhältnis zwischen Geld- und Warenmenge

> Wenn ein Jeder das von ihm Producirte verkauft, und das, was er consumiren will, gekauft hat, so findet sich's, daß Produkte immer mit Produkten bezahlt worden sind.
>
> Jean Baptiste Say[136]

Ein Grundirrtum der meisten Geldtheorien besteht darin, stillschweigend anzunehmen, Geld- und Warenmenge seien stets gleich groß und der Austausch erfolge reibungslos, weil äquivalente Geld- und Warenströme entgegengesetzt durch den Wirtschaftskreislauf fließen. Diese Annahme tritt uns im sogenannten Sayschen Theorem entgegen. Danach soll sich jedes Angebot seine Nachfrage schaffen. Mit anderen Worten: die Herstellungskosten (die Ausgaben für das Angebot) reichen theoretisch aus, das gesamte Angebot aufzukaufen, weil der Gesamtwert des Angebotes der Gesamtsumme der Herstellungskosten entspricht. Allerdings hat Say gar nicht von einer Identität von Waren- und Geldmenge gesprochen, sondern lediglich behauptet, dass

...man Produkte mit Produkten kauft.[137]

Say sieht offensichtlich keinen Wesensunterschied zwischen Tauschwirtschaft und Geldwirtschaft. Er sieht nicht, dass zwischen Geldschöpfung und Warenwertschöpfung kein ursächlicher Zusammenhang besteht. Wie im Kapitel 8: *Geldkreislauf* Schritt für Schritt erklärt wurde, entsteht Geld aber durch sehr verschiedene Kreditgeschäfte, die nur bedingt an Warenwerte gekoppelt sind. Eine warengedeckte Geldschöpfung, wie sie der Kontokorrentkredit ermöglichen kann, wird wegen hoher Zinsen und der Gefahr kurzfristiger Kreditkündigungen eher vermieden. Says These besagt im Grunde nur, dass ein Markt erst durch das Vorhandensein unterschiedlicher Produkte entsteht, die gegeneinander ausgetauscht werden können. Woher das Geld für den Austausch dieser Produkte kommt, erklärt Say nicht. Er nimmt stillschweigend an, Geld und Ware seinen nur zwei Seiten einer Medaille. Say schreibt:

Der Wille zu erwerben, fehlt den Menschen nie, sondern nur das Mittel. Worin besteht nun dieses Mittel? Im Gelde, wird man antworten. Ich gebe das zu; aber ich frage wiederum, durch welche Mittel gelangt das Geld in die Hände Derjenigen, welche kaufen wollen; müssen sie es nicht durch den Verkauf eines anderen Produkts erworben haben? Wer kaufen will, muß zunächst verkaufen, und er kann nur das verkaufen, was er producirt hat, oder was man für ihn producirt hat.[138]

Es ist völlig unstrittig, dass nur verkauft werden kann was produziert wurde. Aber müssen wirklich alle etwas produzieren, um Geld zu erlangen? Zweifelsfrei hat, wer den eigenen Konsum mit Arbeitseinkommen bezahlt, vor dem Wareneinkauf seine Arbeitskraft verkauft und so entsprechendes Geld verdient. Doch Geld kann auch durch Kreditaufnahme statt durch Verkauf von Arbeitskraft erworben werden. Natürlich verlangt eine Bank das von ihr geschaffene und verliehene Geld später zurück. Die Rückzahlung erfolgt im Allgemeinen aus späteren Einkommen. Handelt es sich um Arbeitseinkommen, dann wird eben nicht vor, sondern nach dem kreditfinanzierten Konsum eine Gegenleistung erbracht. Wird ein Kredit hingegen mittels Kapitaleinkommen oder gar nicht getilgt, dann wird weder vor noch nach dem Konsum ein Wertäquivalent geliefert.

Insbesondere der Staat tilgt seine Kredite kaum. Bringt er durch seine Ausgaben Geld aus Kreditaufnahme in Umlauf, dann kauft er, ohne vor- oder nachher etwas verkauft zu haben. Gleiches gilt wenn Privatpersonen oder Unternehmen ihre Kredite nicht (vollständig) tilgen. Im Umfang der ungetilgten Restschulden haben sie konsumiert, ohne dafür Gegenwerte geliefert zu haben. Gleiches gilt, wenn Kredite nicht aus Arbeits-, sondern aus Kapitaleinkommen getilgt werden. Ungetilgte Kredite und Kapitaleinkommen ermöglichen es, das Gleichgewicht zwischen Geben und Nehmen zu stören. Insbesondere durch Innerbankenkredite entstehen große Geldmengen, für die weder vor noch nach der Kreditaufnahme reale Werte geschaffen werden.

Says Annahme: *Wer kaufen will, muß zunächst verkaufen, und er kann nur das verkaufen, was er producirt hat, oder was man für ihn producirt hat,*[A] klingt zwar logisch, bildet jedoch nicht die Realität im kapitalistischen Kreditgeldsystem ab. In Unkenntnis dieses Systems erkennt Say auch nicht den chronischen Kaufkraftmangel der Lohnabhängigen, der bereits durch die Tilgungsraten entsteht, wie im Kapitel 3: *Nachfragelücke* gezeigt wurde.

Says Grundirrtum besteht jedoch darin, dass Geldwirtschaft eben keine Tauschwirtschaft ist. Produkte werden nicht mit Produkten gekauft, sondern sie müssen mit Geld bezahlt werden. Geld aber wird nicht in jedem Fall dadurch erworben, dass etwas „producirt" bzw. geleistet wird. Geld kann durch Geldschöpfung erworben werden, ohne dass dafür irgendwann eine Gegenleistung erbracht wird. Deshalb ist Geld kein neutrales Tauschmittel. Das nicht neutrale Geld, das nicht als Wertäquivalent für eine reale Gegenleistung erworben wurde, ist nach meiner Definition zu Beginn dieses Buches Falschgeld. Fatalerweise ist es von echtem Geld, das durch Leistung erworben wurde, nicht zu unterscheiden. Eine umfassende Definition derartigen Falschgeldes wirft darüber hinaus die

---

[A] Der Halbsatz *„verkaufen ... was man für ihn producirt hat"* bezieht sich natürlich auf den Warenverkauf durch Unternehmen. Dass hierfür das Saysche Theorem im besonderen nicht gilt, wurde bereits im Kapitel 3: *Nachfragelücke* dargelegt.

Frage auf: Was ist eine reale Gegenleistung? So besteht eine Möglichkeit Geld zu erwerben, ohne etwas produzieren zu müssen, im Verpachten von Eigentum. François Quesnay beschreibt in seinem *Tableau économique*[139] einen Geldkreislauf zwischen drei Sektoren, in dem Pachtzahlungen eine wesentliche Rolle spielen. Karl Marx hat aus diesem Tableau u.a. auf die Bedeutung des Eigentums an Produktionsmitteln als Quelle der Ausbeutung geschlossen.[140] Sehen wir uns dieses Kreislaufmodell mit Blick auf die vorangegangenen Fragen genauer an.

Zunächst einige Überlegungen zur Wirklichkeitsnähe von Quesnays Tableau. In Quesnays Modell ist Geld stets in ausreichendem Maße und in den richtigen Händen vorhanden, um einen krisenfreien Warenaustausch zu ermöglichen. Doch das Tableau ist eben nur ein Modell und kein Abbild der Wirklichkeit. Gerade Marx, der nahezu sein ganzes Leben lang Geldsorgen hatte, hätte Quesnays störungsfreier Wirtschaftskreislauf eher als ein Wunder, denn eine Beschreibung der Wirklichkeit erscheinen müssen. Vielleicht erlag er der Faszination, die Quesnays Modell allgemein entgegengebracht wurde. So hielt der Marquis de Mirabeau Quesnays *Tableau* nach der Schrift und dem Geld für die drittgrößte Erfindung der Menschheit.[141]

Quesnay hat in seinem Tableau, abgeleitet vom erst kurz zuvor entdeckten Blutkreislauf, die Geld- und Warenzirkulation zwischen drei Wirtschaftssektoren beschrieben: den Eigentümer*innen des Landes, den Landarbeiter*innen sowie den Handwerker*innen. Alle Transaktionen sind in Tabelle 4 exemplarisch zusammengestellt, siehe S. 94. Der Kreislauf beginnt mit der Pachtzahlung der Landarbeiter*innen an die Eigentümer*innen. Die Eigentümer*innen erwerben dadurch Geld ohne Verkauf von Produkten. Das steht im Widerspruch zu Says Grundannahme, dass „man Produkte mit Produkten kauft". Say, der von 1767 bis 1832 gelebt hat, war wie Quesnay Franzose. Unklar ist, ob er das 1758 erstmals erschienene *Tableau économique* kannte. Trotz aller nachfolgenden Kritik an Quesnays Modell sind Pachtzahlungen ein unstrittiger Bestandteil des Geldkreislaufes. Say hatte solche Geldflüsse nicht im Blick. In einer Eigentumsgesellschaft sind sie jedoch selbstverständlich.

Marx erkannte in diesem Geldfluss ein Element der Ausbeutung. Um eine klare Aussage über das Ausmaß der Ausbeutung treffen zu können, muss aber untersucht werden, ob die Landeigentümer*innen nicht im Gegenzug ihrer Pachtforderungen Dienste für das Gemeinwesen erbracht haben. Wir kommen später darauf zurück. Zunächst zurück zu Quesnays Kreislaufmodell.

Die Eigentümer*innen kaufen von der einen Hälfte ihrer Pachteinnahmen Lebensmittel von den Landarbeiter*innen und von der anderen Hälfte Manufakturwaren von den Handwerker*innen. So bekommen beide warenproduzierenden Sektoren Geld in die Hand, mit dem sie untereinander Warenaustausch betreiben können. In Quesnays Modell kaufen die Landarbeiter*innen für ihr gesamtes

Geld (die halbe Pachtsumme) Manufakturwaren. Damit haben sie ihr Geld erneut komplett ausgegeben. Um wieder Pacht zahlen zu können, müssen sie im Wert der vollen Pachtsumme Waren (Lebensmittel und Rohstoffe) an die Handwerker*innen verkaufen.

Da die Handwerker*innen zuvor jeweils für die halbe Pachtsumme Manufakturwaren sowohl an die Eigentümer*innen als auch an die Landarbeiter*innen verkauft haben, verfügen sie im Moment über die gesamte Pachtsumme. Nur wenn sie von den Landarbeiter*innen für ihr gesamtes Geld Nahrung und Rohstoffe kaufen, können jene erneut die volle Pacht an die Eigentümer*innen zahlen. Ein Kreislaufzyklus ist vollendet.

Tabelle 4: Beispielhafte Darstellung von Quesnays Geldkreislauf

Die Handelsparteien sind wie folgt abgekürzt Eigentümer*innen des Landes (E), Landarbeiter*innen (L) sowie Handwerker*innen (H)

Nr.	Wer zahlt an wen	Betrag	Vermögensverteilung nach erfolgter Zahlung	Zahlungsgrund
1	L an E	2 Mio.	E: 2 Mio. / L: 0 / H: 0	Pacht
2	E an H	1 Mio.	E: 1 Mio. / L: 0 / H: 1 Mio.	Manufakturwaren
3	E an L	1 Mio.	E: 0 / L: 1 Mio. / H: 1 Mio.	Nahrungsmittel
4	L an H	1 Mio.	E: 0 / L: 0 / H: 2 Mio.	Manufakturwaren
5	H an L	2 Mio.	E: 0 / L: 2 Mio. / H: 0	Nahrungsmittel und Rohstoffe
Neuer Zyklus				
6	L an E	2 Mio.	E: 2 Mio. / L: 0 / H: 0	Pacht

In Quesnays Welt fließt durch diesen Kreislauf unvergängliches Münzgeld. Kreditgeld ist ihm noch unbekannt. Zins oder gar Tilgung spielen für ihn deshalb keine Rolle. Auch Kapitalakkumulation findet in Quesnays Modell nicht statt. Kaufleute gibt es nicht. Für eine Untersuchung über Preisschwankungen oder die Wirkung von Preisaufschlägen auf Waren ist das Modell für uns deshalb untauglich. Es kann jedoch helfen über Formen der Ausbeutung nachzudenken. Kommen wir deshalb zu den Pachtzahlungen zurück.

Die Betrachtung der Warenströme zeigt, dass die Landarbeiter*innen nur für insgesamt 1 Mio. fremde Waren konsumieren (Tabelle 4, Zeile 4), aber für 3 Mio. Waren produzieren müssen (Tabelle 4, Zeile 3 und 5). Für die gesamte Pachtsumme von 2 Mio. müssen sie also produzieren, ohne entsprechend konsumieren zu können. Die Pacht erscheinen so komplett als Kapitaleinkommen. Die

Pachteinnahmen erlauben den Eigentümer*innen zu konsumieren, ohne produzieren zu müssen. Entgegen Says Theorem kaufen sie Produkte, ohne Produkte zu verkaufen.

Doch sind Pachtforderungen immer Raub? Werden dadurch in jedem Fall Mittel zur Aneignung fremder Leistungen ohne Erbringen einer Gegenleistung angeeignet? Ursprünglich dienten Pachtzahlungen zumindest anteilig zur Finanzierung der Verwaltung und der Infrastruktur.[B] Transportwege, Maße und Gewichte für den Handel, das Geldwesen, die Rechtsordnung, der Schutz vor Feinden etc. mussten und müssen organisiert, kontrolliert, verwaltet und deshalb finanziert werden. Natürlich wird es immer geteilte Meinungen darüber geben, ob Infrastruktur und Staatswesen gut sind und die Pachthöhe deshalb angemessen ist. Unstrittig ist jedoch, dass dafür Einnahmen notwendig sind. Antike und feudale Staaten haben sich durch Bodensteuern, also durch Pacht, finanziert. Moderne Staaten finanzieren sich durch diverse Steuern. Dass ein Staat ursprünglich Besitzer des gesamten Staatsgebietes war, ist in Vergessenheit geraten, seit der Feudaladel das Land Stück für Stück an das Großbürgertum verkauft hat, um die leeren Staatskassen zu füllen. Heute ist nur noch ein Teil des Staatsgebietes Staatseigentum. Wie im Kapitel 7.4: *Finanzprodukte* beschrieben wurde, läuft der Ausverkauf des verbliebenen Staatseigentums gegenwärtig auf Hochtouren.

Doch jeder Staat braucht Einnahmen, um die staatliche Verwaltung zu finanzieren, wozu auch die Organisation des Geldwesens gehört. Erinnert sei an die Nachkriegszeit in Deutschland vor der Währungsreform 1948. Da Geld damals als Zahlungsmittel versagte, mussten die Menschen wieder Tauschhandel betreiben. Der erforderte so viel Zeit, dass die Menschen nur die halbe Woche am Arbeitsplatz verbringen konnten. 50% der potentiellen Arbeitszeit mussten in den Warentausch investiert werden.[142]

Eine gute Geldordnung und ein gutes Rechtswesen steigern die Arbeitsproduktivität nachweislich. Deshalb ist es sinnvoll, die staatliche Ordnung durch Steuern zu finanzieren. Für die Steuern, die früher größtenteils als Pacht erhoben wurden, erbringen Staaten meist nutzbringende Gegenleistungen für die Gemeinschaft. Natürlich muss in jedem Staat konkret untersucht werden, ob die Höhe der Steuern in einem adäquaten Verhältnis zu den staatlichen Leistungen steht. Ohne eine solche Prüfung können Pachtzahlungen nicht grundsätzlich als Raub bezeichnet werden. Sie sind es nur in dem Maße, in dem keine entspre-

---

[B] Erinnert sei an die Geschichte der Entstehung des Eigentums, Teil 1, Kapitel 5.2. Die erste Pacht wurde von Königen erhoben, die sich das Land der Familienclans angeeignet hatten. Diesen Abgabeforderungen standen Verwaltungspflichten gegenüber. Denn mit den Städten entstanden die Protostaaten. Mit der Größe der Siedlungen wuchs der Aufwand für Organisation und Verwaltung dieser Gemeinwesen. Vor allem in Asien war auch die Organisation der Wasserversorgung für die Landwirtschaft ein Grundelement der staatlichen Ordnung.

chenden Gegenleistungen für die Pacht erbracht werden.

In den antiken Stadtstaaten waren Pachtzahlungen lange sinnvolles Mittel der Staatsfinanzierung. Durch Ausgaben des Staates für die Verwaltung und den Bau von Tempeln und Palästen kam das Geld wieder in Umlauf. Deshalb wurde der Geldkreislauf durch Pachtzahlungen nicht grundsätzlich gestört. Infolge des Verkaufs von Staatseigentum an Private flossen jedoch nach und nach immer mehr Pachteinnahmen nicht mehr in die staatliche Verwaltung, sondern in private Taschen. Erst Pachtzahlungen an Private, die mit diesen Einnahmen keine staatliche Infrastruktur mehr finanzierten, machten Pacht zu einem Mittel des Raubs. Der Feudalismus kehrte zunächst noch einmal zu antiken Formen der Staatsfinanzierung durch Pacht zurück. Im Kapitalismus spielen Pachteinnahmen in der Staatsfinanzierung kaum noch eine Rolle. Sie wurden durch diverse Steuern, u.a. auf Einkommen und Konsum, ersetzt.

Die Antwort auf die Frage, ob die Landarbeiter*innen durch die Pacht beraubt wurden, hängt also davon ab, wie die Pachteinnahmen verwendet wurden. Geldmangel entstand in Quesnays *Tableau* durch die Pachtzahlung jedenfalls nicht, da die gesamten Pachteinnahmen von den Eigentümer*innen durch ihren Konsum wieder in Umlauf gebracht wurden. Da Quesnay sein Tableau am Vorabend der Französischen Revolution schrieb, ist davon auszugehen, dass die Höhe der Pacht in keinem Verhältnis zu staatlichen Leistungen stand. Tatsächlich wollte Quesnay mit seinem Tableau auf dieses Missverhältnis hinweisen. Die Pacht, obwohl im Kern sinnvoll und notwendig, war für Quesnay also ohne Zweifel auch eine Form des Raubs.[c]

Doch die im Tableau versteckte Ungerechtigkeit ist weit größer. In Quesnays Kreislaufmodell fehlen alle Nahrungsmittel, die die Landarbeiter*innen für ihren eigenen Konsum produzieren. Ihr Eigenbedarf kommt im Modell gar nicht vor. Die Landarbeiter*innen, die für nur 1 Mio. fremde Waren konsumieren, müssen für *mehr* als 3 Mio. produzieren. Sie müssen nicht nur für 3 Mio. Waren für den Markt produzieren, um entsprechende Einnahmen machen zu können; sie müssen zusätzlich auch Nahrung für den eigenen Konsum erzeugen. Diese grundlegende (subsistenzwirtschaftliche) Produktion findet außerhalb der Geldwirtschaft statt. In Quesnays Modell ist sie nicht abgebildet. Auch in den meisten späteren volkswirtschaftlichen Modellen bleibt sie unberücksichtigt. Der blinde

---

[c] Proudhon beginnt sein Buch „Was ist das Eigentum?" mit dem Satz: Eigentum ist Diebstahl. Doch anders als Marx lehnt er Eigentumsrechte nicht rundweg ab, sondern unterscheidet zwischen Besitz und Eigentum. Für die Pacht gilt ähnliches wie für den Zins. Entscheidend ist die Verwendung dieser Einnahmen. Werden Pachteinnahmen für Ausbau und Pflege der Infrastruktur verwendet, sind diese Einnahmen sinnvoll und berechtigt. Auch der Zins ist notwendig, solange er für die Organisation des Geld- und Kreditwesens verwendet wird. Lediglich Pacht- bzw. Zinsanteile die als Profit akkumuliert werden, stellen eine Art Raub dar.

Fleck umfasst die gesamte subsistenzwirtschaftliche Arbeit in einer Wirtschaft, wozu auch die Familienarbeit gehört. Dass die sozioökonomischen Grundlagen der Gesellschaft von der Schulökonomie bis heute weitestgehend ausgeblendet werden, hat hier möglicherweise seinen Ursprung.[143]

Doch kehren wir zur Frage nach dem Verhältnis zwischen der Geldmenge und der auf dem Markt erscheinenden Warenmenge zurück. Beide Wertmengen scheinen in Quesnays Modell in keinem Moment übereinzustimmen. Da für Quesnay Geld immer Münzgeld war, das, einmal geprägt ewig existierte, wundert diese Diskrepanz nicht. Münzgeld entstand nicht mit den Waren und verschwand nicht mit ihnen. Die bisherige Ökonomie hat hierin kein Problem gesehen. Marx ist deshalb nicht der Einzige, der das Betrachten von Geldströmen für bedeutungslos hält und im Geld ein neutrales Tauschmittel sieht.[144]

Quesnays Modell weist so mehrere blinde Flecken auf. Es beinhaltet zwar die Frage nach der Berechtigung der Pachtforderungen, hat aber keinen Blick für die Subsistenzproduktion der Landarbeiter*innen. Für eine Untersuchung der Ursachen für Störungen im Geldfluss ist das Modell für uns jedoch vor allem deshalb völlig ungeeignet, weil Quesnay noch kein Kreditgeld kennt. In seinem Kreislaufmodell ist Geld einfach immer und ewig da. Quesnay kennt weder Geldschöpfung noch Geldvernichtung. Die Idee, Geld zusammen mit Warenwerten zu erschaffen und nach deren Verkauf zu vernichten, ist Quesnay völlig fremd. In seinem Modell verkaufen die drei Wirtschaftssektoren immer genau so viele Waren, um mit dem eingenommenen Geld die nötigen Zahlungen leisten zu können. Konflikte zwischen Angebot und Nachfrage werden in diesem Modell nicht abgebildet. Das Modell hilft uns deshalb nicht Inflationen oder Deflationen, geschweige denn segmentäre Preisschwankungen zu erklären. Geld wird von Quesnay nur als eine gesamtgesellschaftliche Bestandsgröße betrachtet.

Im wirklichen Leben kommt es immer darauf an, ob sich genügend Geld in den Händen mit Bedarf befindet, damit der vorhandene Bedarf gedeckt werden kann. Nur wenn dort, wo Bedarf besteht auch Geld vorhanden ist und dort, wo Geld ist auch Bedarf existiert, bleibt Geld sinnvoll im Fluss, denn Geld erfüllt seine Funktion als Tauschmittel für Waren nur dann gut, wenn es zur Befriedigung natürlicher Bedürfnisse verwendet wird. Damit Geld ein wertstabiles Zahlungsmittel sein kann, müssen Geldmenge und Warenwertmenge korrelieren. Durch Warenkonsum Bedürfnisse zu befriedigen war und ist das Grundmotiv wirtschaftlichen Handelns. Geld hat in diesem Geflecht von Geben und Nehmen eine Vermittlerrolle übernommen. Diese Rolle kann Geld nur dann gut ausfüllen, wenn Geld einerseits an Waren und andererseits an Bedarf gekoppelt ist. Nur unter diesen Bedingungen kann Geld zwischen Angebot und Nachfrage einen störungsfreien Austausch vermitteln. Nur dann kann das gesamte Wirtschaftsgetriebe störungsfrei arbeiten.

9.2. Geldmengen

Deflation, Inflation, Stagflation

> Die Ursache der Preisänderungen selbst bleibt aber dabei völlig im Dunkel, und sobald man nach derselben forscht, treten Widersprüche hervor. Ohne jeden Zusammenhang mit der Lage des Geldmarktes kann sie überhaupt nicht sein, die gegenteilige Ansicht haben wir mehrmals als unbegründet und unlogisch zurückweisen müssen. Wollte man aber nach der Auffassungsweise der Quantitätstheorie steigende Preise aus Ueberfluß, fallende Preise aus Mangel an Geld herleiten, so würde die thatsächlich beobachtete Bewegung des Zinsfusses durchaus unbegreiflich. ...
> In Wirklichkeit aber beobachtet man, wie gesagt, bei steigenden Preisen eher ein andauerndes Steigen, bei fallenden Preisen ein fortgesetztes Fallen der Zinssätze.
>
> Knut Wicksell[145]

Ab dem 18. Jh. wuchs Geld als allgemeinem Zahlungsmittel immer mehr Bedeutung zu. Je notwendiger Geld wurde, desto wichtiger wurde das Funktionieren des Geldsystems. Immer neue Krisen führten zur Entwicklung immer neuer ökonomischer Theorien. Ein Phänomen war dabei stets von besonderem Interesse: allgemeine Preisänderungen. Regional oder saisonal schwankende Preise einzelner Waren ließen sich leicht durch Veränderungen von Angebot und Nachfrage erklären. Wenn landesweit alle Preise gleichermaßen stiegen oder fielen, musste es dafür gesamtwirtschaftliche Ursachen geben. Da stabile Preise wichtig für die wirtschaftliche Stabilität eines Landes waren, galt es die Ursachen allgemeiner Preisänderungen zu erkennen, um gegensteuern zu können.

Es schien offenkundig, dass steigende Preise aus einem allgemeinen Überfluss an Geld resultierten. Genauso logisch schien es, dass infolge eines solchen allgemeinen Geldüberflusses die Nachfrage nach Kredit und deshalb auch der Zinssatz sanken. Im feudalen Münzgeldsystem war das eine logische Erklärung dafür, dass bei steigenden Preisen die Zinsen fielen. Im 19. Jh. beobachtete der Ökonom Wicksell aber eine genau entgegengesetzte Entwicklung von Preisen und Zinsen. Er stellte fest, dass Preise und Zinsen meist gemeinsam stiegen oder gemeinsam fielen. Wir werden sehen, dass dieser Zusammenhang sich aus dem inzwischen verbreiteten Kreditgeldsystem erklären lässt.

Im 18. Jh. waren vor allem Münzen ein weithin übliches Zahlungsmittel. Im 19. Jh. wurde frei geprägtes Münzgeld nach und nach durch Kreditgeld verdrängt. Die Banknote begann ihren Siegeszug. Indem Geld immer weniger durch freie Münzprägung und immer umfangreicher durch Kreditvergabe geschöpft und also vermehrt wurde, änderte sich die Funktion des Zinses grundlegend. Er regelte nun nicht mehr die Nachfrage nach Spargeld (Münzgeld), sondern wurde zu einem Instrument der Geldmengensteuerung.

Der Siegeszug des Kreditgeldsystems setzte spätestens im 19. Jh. mit der beginnenden Industrialisierung ein. Die Kreditnachfrage stieg deutlich an, da immer mehr Investitionsmittel für immer größere Industrieanlagen gebraucht wurden. Die neuen Kreditinstitute waren theoretisch in der Lage, beliebig viel Geld aus dem Nichts zu schöpfen. Doch die Pflicht, selbst geschaffene Banknoten auf Wunsch jederzeit in Gold bzw. Münzgeld einzulösen, machte die Geldschöpfung von den eingelagerten Goldreserven abhängig. Folglich sank die Bereitschaft der Banken, neue Kredite zu vergeben, in dem Maße, indem durch Kreditausweitung das Verhältnis zwischen der Menge der umlaufenden Banknoten und den vorhandenen Goldreserven wuchs. Deshalb stiegen mit dem Wachstum der umlaufenden Geldmenge auch die Zinsen. War viel Geld im Umlauf stiegen im Allgemeinen auch die Preise. Im Kreditgeldsystem entwickelten sich Preise und Zinsen deshalb meist gleichermaßen nach oben oder nach unten.

Im feudalen Münzgeldsystem war der Zusammenhang meist umgekehrt. In diesem System gab es nur eine Geldmenge, das Metallgeld. Münzen waren immer und überall voll gültiges Zahlungsmittel. Sie waren Vollgeld, denn sie waren nicht aus Kredit entstanden. Als in Europa, durch immer mehr Gold und Silber aus Amerika, immer mehr Münzgeld in Umlauf kam, stiegen die Preise; zugleich stand aber auch mehr Geld für Kredite zur Verfügung. Die Folge waren fallende Zinsen bei steigenden Preisen.[146]

Die Umkehrung des Zusammenhangs zwischen Preisen und Zinsen folgt also aus der Existenz von zwei Geldarten im kapitalistischen Kreditgeldsystem. Das umlaufende Geld wird im Kapitalismus durch Kredit geschöpft. Die Akzeptanz dieses Geldes wurde anfangs durch eine vorgespielte vollständige Golddeckung bewirkt. Die Annahme, die im Umlauf befindlichen Zahlungsmittel bezögen ihren Wert aus dem eingelagerten Gold, bestand allgemein. Deshalb wurde die Steuerung der umlaufenden Geldmenge vom Umfang der Goldreserven abhängig gemacht. So wurde der Zins zu einem Instrument der Geldmengensteuerung.

Im 20. Jh. wurde das Gold schließlich überall durch Zentralbankgeld ersetzt. Die Geldmenge hing weiterhin vom Umfang der Kreditvergaben ab. Die Kreditnachfrage ließ sich folglich durch steigende Zinsen senken. Sie durch fallende Zinsen zu erhöhen, gelang hingegen nicht immer. Nichtsdestotrotz diente der Zins im 20. Jh. zur Steuerung der Geldmenge. Nachdem das nicht beliebig vermehrbare Gold überall durch Zentralbankgeld ersetzt worden war, wurde die Bargeldkontingierung (eine geregelte Zuteilung von Zentralbankgeld) zu einem weiteren Instrument der Geldmengensteuerung.

Im 21. Jh. versagen beide Instrumente – Zins und Bargeldkontingierung – zunehmend ihren Dienst. Grund dafür sind fortlaufende Veränderungen im Geldsystem, die aus unterschiedlichsten Krisenerfahrungen hervorgegangen sind. Alle Krisenerfahrungen haben im heute geltenden monetären Regelwerk ihre Spuren hinterlassen. So erwuchs aus den durch das Goldstandardsystem verursachten Deflationskrisen[147] der Grundsatz, eine immerwährende schleichende Inflation zu fördern. Auf steigende Preise wurde seitdem nicht mehr unbedingt mit steigenden Zinsen reagiert. Doch die Preise entwickelten sich nicht gemäß der herrschenden Theorie. Trotz sinkender Zinsen stiegen sie bis 2019 nicht wie erwartet an. Erst eine extreme Ausweitung der Staatsschulden im Einklang mit der Coronapolitik seit 2020 sowie ein zeitgleicher Börsenboom ließen die Warenpreise erkennbar steigen.[D]

Grund dafür ist, dass es zwei Geldkreisläufe gibt, den real- und den finanzwirtschaftlichen. Die Zentralbanken haben durch ihre Zinspolitik keinen Einfluss darauf, in welchem Bereich die Geldmenge wächst. Durch niedrige Zentralbankzinsen sowie eine nahezu unbegrenzte Bereitstellung von Zentralbankgeld[E] fließt Geld vor allem in die Finanzwirtschaft und treibt dort die Preise der Wertpapiere hoch. Erst über den Umweg steigender Immobilienpreise, die steigende Mieten erzeugen, sowie durch staatliche Geldschöpfung u.a. für Coronahilfen schwappt die Inflation teilweise in die Realwirtschaft über. Um die Krisen der heutigen Ökonomie zu verstehen, reicht es nicht aus, nur die Gesamtgeldmenge zu betrachten. Es reicht auch nicht, zwischen Geschäftsbankengeld und Zentralbankgeld zu unterscheiden. Es muss auch zwischen der in der Realwirtschaft und der in der Finanzwirtschaft umlaufenden Geldmenge unterschieden werden.

Die Unterscheidung zwischen Real- und Finanzwirtschaft führt zur Erkenntnis, dass der Geldfluss in der Realwirtschaft chronisch auszutrocknen droht, während er in der Finanzwirtschaft zerstörerisch anschwillt. Der heutige Geldkreislauf ist wie ein Fluss, in dem Wasser in einem Teil nach unten, in einem anderen Teil hingegen nach oben fließt. Ein solches Flusssystem kann nicht reguliert werden. Ein kontinuierlicher Geldfluss wird erst möglich, wenn der finanzwirtschaftliche Geldkreislauf trocken gelegt wird, denn nicht überall wo Geld fließt, mehrt es den Wohlstand.[148] Wie ein Fluss der Hochwasser führt, kann Geld auch zerstören. Damit Wasser den Boden nicht fortspült, sondern Pflanzen gedeihen lässt, muss maßvoller Regen auf vorbereiteten Boden fallen. Genauso müssen Einkommen und Bedarf aufeinander abgestimmt werden.

[D] Der Staatshaushalt wurde 2020 durch Kreditaufnahme nahezu verdoppelt, siehe S. 77 und 78.

[E] Noch immer müssen Geschäftsbanken ihr selbst geschaffenes Buchgeld auf Verlangen jederzeit einlösen, heute nicht mehr in Gold, sondern in Zentralbankgeld. Durch Knapphalten des Bargeldes (Bargeldkontingierung) haben Zentralbanken lange versucht, die Geldschöpfung der Geschäftsbanken zu begrenzen. Die Politik des knappen Zentralbankgeldes wurde spätestens 2007 aufgegeben.

9.3. Geldverwendung

Falsche Geldverwendung als Folge schlechter Verteilung

> ... der Geldbetrag, den ein Einzelner sich zur Befriedigung des Umsatz- und Vorsichtsmotivs zu halten entschließt [ist] nicht völlig unabhängig vom Betrag..., den er zur Befriedigung des Spekulationsmotivs hält...
>
> John Maynard Keynes[149]

Keynes untersuchte als einer der Ersten den Einfluss der Geldverwendung auf die Preisentwicklung. Er unterscheidet vier Motive, Geld zu halten:

1. *Das Einkommensmotiv...* [dient der] Überbrückung des Zeitraums zwischen dem Bezug des Einkommens und seiner Ausgabe.

2. *Das Geschäftsmotiv...* [dient der] Überbrückung des Zeitraums zwischen dem Zeitpunkt... an dem Geschäftskosten [Zahlungsverpflichtungen, d.A.] eingegangen werden, und dem Zeitpunkt, an dem der Verkaufserlös empfangen wird...

3. *Das Vorsichtsmotiv...* [dient der] Vorsorge für unvorhergesehene sofortige Ausgaben... und für unvorhergesehene Gelegenheiten zu vorteilhaften Käufen...

4. Es verbleibt *das Spekulationsmotiv...* Dieses erfordert eine ausführlichere Untersuchung als die anderen... [Es verhält] sich gewöhnlich gegenüber allmählichen Änderungen im Zinsfuß dauernd empfindlich... [150] [H.i.O.]

Die ersten drei Motive ergeben sich aus mehr oder weniger absehbaren bzw. erwarteten Zahlungsverpflichtungen. 1. Das Einkommen wird bis zum Monatsende eingeteilt, um den Konsum der Familie über diesen Zeitraum zu sichern. 2. Unternehmen halten Liquidität, um für den laufenden Geschäftsbetrieb notwendige Zahlungen leisten zu können. 3. Es wird gespart, um für geplante und ungeplante Sonderausgaben vorzusorgen. Diese Geldhaltung dient der Befriedigung realwirtschaftlicher Bedürfnisse. Keynes selbst stellt fest, dass das Spekulationsmotiv heraussticht. Es folgt einer anderen Logik. Dieses Geld dient weder heutigem noch künftigem Konsum, sondern dem Kauf von Vermögenswerten.

Während eine Familie jeden Tag Essen auf dem Tisch haben will und deshalb einkaufen muss, unabhängig davon, ob die Preise steigen oder fallen, dient eine Spekulationskasse zum Kauf profitträchtiger Wertpapiere. Diese Geldhaltung ist so unberechenbar wie unbegrenzt. Keynes selbst erkennt das destruktive dieser Liquiditätshaltung. Er schreibt:

> Von den Leitsätzen orthodoxer Finanz ist sicherlich keiner antisozialer als der Fetisch Liquidität, die Doktrin, daß es eine positive Tugend der Investitionseinrichtung ist, ihre Geldmittel auf den Besitz „liquider" Wertpapiere zu konzentrieren. Sie übersieht, daß es für das Gemeinwesen als Ganzes so etwas wie die Liquidität der Investition nicht gibt.[151]

Diese Aussage ist Fachfremden sicher schwer verständlich, jedoch entlarvend. Keynes betrachtet sowohl das Halten von Geld (*Liquidität*) wie *den Besitz „liquider" Wertpapiere* als *antisozial*. In letzter Konsequenz erscheint der gesamte Börsenhandel antisozial. Denn Geld, das an den Finanzmärkten zirkuliert, ist aus Sicht der Realwirtschaft immer nur gehortetes Geld, unabhängig davon, wie schnell es von einem Konto auf ein anderes wandert. Fatalerweise schlägt Keynes zur Lösung dieses Problems nicht das Abschaffen des Börsenhandels, sondern den Ersatz der dort gebundenen und deshalb in der Realwirtschaft fehlenden Liquidität durch staatliche Geldspritzen vor. Aber sein *deficit spending* Vorschlag legitimiert die Börsenspekulation nicht nur, sondern fördert sie geradezu. Denn *deficit spending* ermöglicht realwirtschaftliche Profite, die für Wertpapierkäufe verwendet werden können. Dadurch wird antisoziale Spekulation nicht behindert, sondern befördert. Obwohl Keynes entstehende Preisschwankungen nicht als Geldmengenproblem, sondern als Geldverwendungsproblem beschreibt, verschiebt er die Lösung dieses Problems in unbestimmte Ferne. Zwar untersucht er die Optionen der Geldhaltung und erkennt spekulative Geldverwendung als gesamtwirtschaftlich schädlich, doch vermeidet er den logischen Schluss, ein Verbot der antisozialen Geldverwendungsmöglichkeiten zu fordern. Das verwundert nicht, da er selbst von Börsenspekulationen lebte.

Bei seiner Untersuchung der Vor- und Nachteile verschiedener Optionen der Geldnutzung übersieht er auch, dass nicht alle Menschen gleichermaßen diese Optionen haben. Zwischen verschiedenen Geldverwendungen können nur die wählen, deren Einkommen höher sind, als ihr realwirtschaftlicher Bedarf. Nur wer mehr Geld hat, als zur Finanzierung der Alltagsbedürfnisse nötig ist, kann über Möglichkeiten einer spekulativen Geldanlage nachdenken. Die wachsende Zahl derer, deren Einkommen am bzw. unter dem Existenzminimum liegt, muss ihr gesamtes Geld für Konsum ausgeben. Diese Mehrheit braucht keinerlei Anreiz ihr Geld in Umlauf zu bringen. Allein der natürliche Bedarf an Essen, Trinken, Wohnen und Geselligkeit sorgt dafür, dass sie ihr Einkommen Monat für Monat ausgeben. Sie brauchen weder eine schleichende Inflation noch Schwundgeld (Bargeld, dessen Wert Monat für Monat schwindet)[F] als Motivation, Geld auszugeben.

Erst jenseits einer bestimmten Einkommensgrenze, deutlich oberhalb des Existenzminimums, entsteht die Freiheit der Wahl. Es ist ein weites Feld, wer zu den Besserverdienenden gehört. Fakt ist, nur sie allein können entscheiden, wie

---

[F] Die Idee, den Wert von Bargeld stetig zu reduzieren, stammt von Silvio Gesell. Er wollte Bargeld dadurch im Umlauf halten. Abgesehen davon, dass die Bedeutung von Bargeld abnimmt, da Banken sich um Abschaffung des Bargelds bemühen, gehen Gesells Ideen am Kern des Problems vorbei. Geld muss nicht durch Kaufkraftschwund in den Umlauf getrieben werden, wo realer Bedarf vorhanden ist. Das Geld folgt den Bedürfnissen der Menschen auf den Markt.

viel Geld sie den Warenmärkten durch ihre Geldanlagen entziehen. Demgegenüber können immer mehr prekär Beschäftigte sowie von Sozialhilfe Lebende mit
oder ohne Nebenjob ihren Konsumbedarf oft nicht hinreichend decken.

Da sich Geld an den Finanzmärkten ohne Arbeitsleistung allein durch ent-
koppelte Geldschöpfung vermehrt, während Geld in der Realwirtschaft immer
neu (unter wachsendem Leistungsdruck) verdient werden muss, verstärkt sich
die Ungleichverteilung von Geld. Wer mehr Geld hat, als für den eigenen Konsum nötig, kann mit dem überschüssigen Geld spekulieren und es dadurch weiter
vermehren. Wer wenig verdient, gerät oft unter immer größeren Leistungsdruck
bei sinkenden Realeinkommen. Die Einkommensstarken erhalten für ihre Geld-
zurückhaltung ohne Konsumverzicht (!), da ihr Bedarf ja bereits gesättigt ist,
eine Belohnung in Form einer Kapitalrendite. Denn ihr nicht konsumtiv, sondern
spekulativ verwendetes Geld generiert ein Kapitaleinkommen.

Hier zeigt sich ein Mechanismus positiver Rückkopplung. Sowohl der Kaufkraftmangel bei den Einkommensschwachen als auch der Geldüberhang bei den
Einkommensstarken verstärken sich. Durch progressive Besteuerung könnte
Geld aus Taschen ohne Bedarf (ohne offene Bedürfnisse) in Taschen mit Bedarf
(mit unbefriedigten Bedürfnissen) fließen. Wenn in der Folge eine Mehrheit besser leben kann, steigt der gesellschaftliche Wohlstand und mit der Zufriedenheit
der Frieden. Spekulative Geldverwendung entsteht jedoch nicht nur infolge
schlechter Geldverteilung, sondern auch infolge der Möglichkeit zum Handel
mit Vermögenswerten. Eine Geldreform muss daher beides regulieren: die Geldverteilung und die Geldverwendung, ohne dadurch die Kreativität abzuwürgen.

Im Internet finden sich viele Texte, Filme und Vorträge, die die extreme Ungleichverteilung von Geld als Krisenmotor benennen und einen Zusammenbruch
des Finanzsystems vorhersagen. Ich habe bisher keinen Beitrag gefunden, in
dem eine komplette Abschaffung der Finanzmärkte sowie eine umfangreiche
Geldvernichtung durch konsequente Wertberichtigung in den Bankbilanzen ge-
fordert werden. Ich erachte genau das für zwingend notwendig, wie ich im letzten Teil dieser Tetralogie darlegen werde.

Eine wirtschaftliche Neuordnung verlangt aber weit mehr als eine Neurege-
lung des Finanzwesens. Sie erfordert auch eine Neuausrichtung der Produktion
und eine umfassende Neubewertung notwendiger und sinnvoller Arbeit. Das
Entstehen der Arbeiterklasse markiert nur dann das Ende der Geschichte, wenn
wir ihre Existenz gegen jede ökologische Vernunft bewahren und dadurch unsere Lebensgrundlagen zerstören. Lebenserhaltend wäre es, Automaten die Produktion sinnvoller und notwendiger Industriegütern zu übertragen und lebendige
Arbeit in die Produktion lebendiger Lebensmittel zu investieren. Die Bedeutung
der Landwirtschaft als Primärsektor der Wirtschaft sowie als Element des Öko-
systems zu erkennen, wäre zukunftsweisend.

10. Landwirtschaft

Die Primärwirtschaft als Energiequelle der industriellen Revolution

> Über welche Art von Gütern und Dienstleistungen kann nun der wirtschaftliche Reichtum verfügen? Konsumkraft ist nicht mit Kaufkraft gleichzusetzen … Sogar in hochentwickelten kapitalistischen Gesellschaften findet man noch weite Bereiche des Wirtschaftslebens, in denen es keine Preise gibt. Ein beachtlicher Teil der Produktion in Haus und Garten ist für den direkten Verbrauch bestimmt...
>
> Joan Robinson[152]

Vor allem aus dem Kapitel 7.3: *Kapitalmärkte* sollte hervor gegangen sein, dass die industrielle Revolution nicht mit Spargeld finanziert wurde. Sie war nicht das Resultat einer vorausgegangenen Kapitalakkumulation, sondern nur möglich wegen einer zeitgleichen Ausweitung der landwirtschaftlichen Produktion. Die Goldbarren in den Kellern der Banken haben das Industrieproletariat so wenig ernährt wie König Midas durch sein selbst erschaffenes Gold satt wurde.[A] Die Finanzierung der industriellen Revolution mittels Kreditgeld gelang nur durch das Ineinandergreifen verschiedener ökonomischer Effekte, wie nachfolgend verdeutlicht werden soll.

Das erwachende Interesse der Menschen, die Kräfte der Natur verstehen zu wollen, machte vor der Landwirtschaft nicht halt. In Deutschland wurde die Agrarwissenschaft Ende des 18. Jhs. von Albrecht Daniel Thaer begründet. Menschen begnügten sich nun nicht mehr damit, den Boden zu bearbeiten, sie begannen ihn als Nahrungsquelle der Pflanzen zu begreifen. Untersuchungen des Nährstoffgehalts der Böden und des Nährstoffbedarfs der Pflanzen führten zur Entwicklung der künstlichen Düngung. Das sorgte für steigende Hektarerträge. Dadurch gelangten mehr Lebensmittel auf die Märkte. Zeitgleich setzte die schrittweise Mechanisierung der Landwirtschaft durch Einsatz erster landwirtschaftlicher Maschinen Arbeitskräfte frei. Die wanderten in die Städte und wurden zu Lohnarbeiter*innen. Die Modernisierung der Landwirtschaft war die entscheidende Energiequelle der einsetzenden Industrialisierung. Sie konnte die Industrialisierung aber nur antreiben, weil zwei andere Effekte ineinandergriffen.

Den Lohneinkommen des Proletariats stand die Subsistenzwirtschaft der Landbevölkerung gegenüber.[153] Nur dadurch fand das für Investitionen geschaffene Kreditgeld auf den Märkten Nahrungsmittel vor. Während das Proletariat

---

[A] Ovid erzählt die Geschichte von König Midas, der sich von Gott Bacchus wünschte, alles was er berühre, solle zu Gold werden. Als er sich an seinen Tisch setzte, um zu essen, verfluchte er jedoch seinen Wunsch, denn auch jede Speise wurde in seinen Händen zu Gold.

dafür bezahlt wurde, Eisenbahnnetze, Maschinenfabriken und Telegrafenleitungen zu bauen, erhielt die verbliebene Landbevölkerung weiterhin meist nur Naturallöhne. Zweifelsfrei hat das Proletariat große Werte geschaffen, doch nur ein Teil waren konsumierbare Güter. Maschinen machen nicht satt. Das Proletariat konnte mit seinem Lohn nur deshalb Brot und Bier kaufen, weil die grundlegende landwirtschaftliche Produktion gerade nicht von einer Geldschöpfung begleitet wurde. Nur weil Waren auf den Markt gelangten, die ohne Lohnkosten produziert worden waren, fanden auch jene Lohngelder des Proletariats Waren auf dem Markt, die für die Produktion von Investitionsgütern statt Konsumgütern geschöpft und ausgezahlt worden waren.

Ertragssteigerung der Landwirtschaft bei sinkendem Arbeitskräftebedarf, fehlende Geldschöpfung für die landwirtschaftliche Produktion sowie fehlerhafte Geldschöpfung für die Industrialisierung bereiteten den Boden für die industrielle Revolution. Künstliche Düngung und Mechanisierung der Landwirtschaft, feudale Naturalwirtschaft auf dem Land sowie kapitalistische Kreditgeldwirtschaft in den Städten setzten die Maschinerie des Industriezeitalters in Gang. Dieses Zeitalter hat gewaltige Kräfte frei gesetzt und das Antlitz der Erde verwüstet. Die Lebensmittelproduktion wurde pervertiert. Trotzdem bleibt die Landwirtschaft der primäre Wirtschaftssektor. Sie produziert die Lebensgrundlagen der Gesellschaft. Der Zustand der Landwirtschaft sagt stets viel über den Zustand einer Gesellschaft aus. In der Landwirtschaft werden die Grundlagen für den Gesundheitszustand der Menschen geschaffen. In der Landwirtschaft offenbart sich auch das Verhältnis der Menschen zur Natur völlig ungeschminkt.

Als im 12. Jh. in Europa zahlreiche Städte gegründet wurden, gab es eine erste Abwanderung vom Land, angetrieben von der Verheißung „Stadtluft macht frei". Doch die meisten dieser mittelalterlichen Städte umfassten nur einige Tausend Einwohner*innen. Selten stieg ihre Zahl auch nur auf 5.000 an. Zudem betrieben die Städter*innen damals meist noch eigene Landwirtschaft. Sie waren Ackerbürger*innen. In den Hinterhöfen wurde Vieh gehalten und in den Gärten Gemüse angebaut. Bis ins 18. Jh. hinein waren etwa 90% der Bevölkerung weltweit mehr oder weniger landwirtschaftlich tätig.

Erst Ende des 18. Jhs. stieg die landwirtschaftliche Produktion allmählich an.[154] Die Landwirtschaft begann nach und nach Nahrung und Arbeitskräfte für die Industrialisierung bereit zu stellen. Das historische Zusammentreffen der Ertragssteigerung in der Landwirtschaft und der industriellen Revolution war durchaus kein Zufall. Der alle Bereiche umfassende wirtschaftliche Aufschwung hat seinen Ursprung in der wissenschaftlich technischen Revolution, die in der Renaissance ihren Anfang nahm. Diese Wiedergeburt eröffnete einen neuen Blick auf die Welt. Der Glaube an Wunder wurde durch eine Suche nach kausalen Zusammenhängen ersetzt. Die Natur wurde in chemische Elemente und physikalische Kräfte zerlegt. Der entseelte Blick gebar das mechanistische Zeitalter. Die antike Welt, die nur vier Elemente[B] kannte, zerfiel. Sie löste sich auf in einem Periodensystem, das nach und nach über 100 chemische Elemente auswies.

Während die Alchemisten daran scheiterten Blei in Gold zu verwandeln, gelang es den Kaufleuten aus Papier Geld zu machen. Das Kreditgeld ermöglichte eine Finanzierung der Industrialisierung scheinbar ohne vorheriges Sparen. Doch nicht das Geld, sondern erst das steigende Angebot an Lebensmitteln und freien Arbeitskräften lieferte die materiellen Voraussetzungen für die industrielle Revolution. Die Ertragssteigerungen in der Landwirtschaft schufen das Brot, das das Industrieproletariat während des Baus der Fabriken ernährte. Die Wirtschaft funktioniert spätestens seit dem Manchesterkapitalismus nicht mehr als geschlossener Kreislauf. Eine Verkettung von Fehlern,[155] die sich zumindest zeitweise gegenseitig aufhoben, ermöglichte, dass das Proletariat mit seinem Lohn die subsistenzwirtschaftlich erzeugten Produkte der Landbevölkerung kaufen konnte. Dazu hat auch beigetragen, dass nach und nach nicht mehr 9 Menschen auf den Feldern arbeiten mussten, um einen weiteren Menschen mit zu ernähren, sondern dass heute ein Mensch in der Lage ist, mehr als 9 Menschen zu ernähren. Möglich wurde das durch den Einsatz großer und teurer Technik, was die Landwirtschaft extrem kapitalintensiv gemacht hat.

Die Rolle der Landwirtschaft als Primärsektor der Wirtschaft hat sich dadurch nicht verändert. Durch den gestörten Geldkreislauf droht jedoch alles Lebendige von den Marktkräften vernichtet zu werden. Deshalb ist es dringend notwendig unser Verhältnis zur landwirtschaftlichen Produktion radikal zu überdenken. Wenn wir uns gesund ernähren wollen, sollten wir konsequent auf natürliche Schädlingsbekämpfung setzen. Das macht es notwendig, den Einsatz von Chemie durch andere Strategien zu ersetzen. Dazu wird auch ein vermehrter Einsatz menschlicher Arbeitskräfte in der Landwirtschaft gehören. Eine umfassende Umstellung von künstlicher auf natürliche Düngung wird noch viel weitreichendere Folgen für unser Leben und unsere Arbeit haben. Wir werden alle Kreisläufe schließen müssen, wenn wir nicht Gefahr laufen wollen, aus dem Kreislauf des Lebens herauskatapultiert zu werden.[C]

Wir sollten diese Herausforderungen nicht als Fluch, sondern als Segen betrachten. Mit dem Garten Eden begann die Geschichte der Menschheit. Eine Wiederbelebung des Gartenbaus, mit all seinen positiven Aspekten für Körper, Geist und Seele kann uns Wege in die Zukunft eröffnen.

[B]   Feuer, Wasser, Erde und Luft. Die 5. Essenz (die Quintessenz) war bereits so unbestimmt, dass sie in den Bereich der Philosophie gehörte. Später wurde die Quintessenz zum heiligen Gral der Alchemie. Erst als die Menschen die Suche nach der Quintessenz aufgaben, öffnete sich die bunte Vielfalt der Chemie.

[C]   Siehe Teil 1, Kapitel 3: *Probleme – Gestörte Kreisläufe*

11. Neuorientierung

Vom Sinn des Lebens

> Ausgleich des Besitzes und Einkommens ist ein Gebot der Sittlichkeit und der Wirtschaft. Im Staate darf und soll nur einer ungemessen reich sein: der Staat selbst.
>
> Walther Rathenau[156]

Im Frühkapitalismus – am Ende des Mittelalters – entstand die Idee, Geld durch Investitionen in den Handel zu vermehren. Im Manchesterkapitalismus war aus der Idee ein Zwang geworden. Es war nun notwendig, in immer neue Technik, immer neue Technologien zu investieren, um den Geldfluss in Gang zu halten. Das dahinter stehende Ziel, Geld durch Investitionen zu vermehren, war gleich geblieben. Im modernen Finanzkapitalismus haben sich Möglichkeiten entwickelt, Geld ganz losgelöst von Warenproduktion, durch Handel mit Schuldscheinen zu vermehren. Diese Entkopplung der Geldschöpfung von der Warenproduktion beendet jedoch nicht die Zerstörung der Biosphäre, denn die an den Finanzmärkten wachsenden Geldvermögen suchen reale Sachwerte. Die fortwährende Sucht aus Geld mehr Geld machen zu wollen, zwingt deshalb immer mehr Natur in das Räderwerk der Verwertungslogik.

Profitstreben hat den Kapitalismus zu technischen Höchstleistungen angetrieben. Dieses zwanghafte Streben droht nun alles Lebendige zu zerstören. Auch erzeugt das Profitstreben einen wachsenden Leistungsdruck. Von den Erwerbstätigen wird für gleichen Lohn immer mehr Leistung verlangt. Mit der Arbeitsverdichtung wächst die Entfremdung der Arbeit. Wir sind dabei zu vergessen, dass Arbeit und Leben zwei Seiten einer Medaille sind. Der mittelalterliche Mensch arbeitete um zu leben und zu feiern. Der kapitalistische Mensch lebt um zu arbeiten. Das zeigt sich u.a. an den Schwierigkeiten, Beruf und Familie zu vereinen. Ein Ausdruck dafür ist die vergleichsweise geringe Geburtenrate des Mittelstands. Gerade weil sich Arbeit und Leben oft schlecht vereinen lassen, ist ein Ziel kapitalistischer Arbeit nicht nur heutiger Konsum, sondern Sparen, um künftig ohne Arbeit leben zu können. Das führt zum Bestreben mehr Geld verdienen zu wollen, als zur Befriedigung der eigenen Bedürfnisse notwendig ist. Das für den direkten Konsum überflüssige Geld soll an den Finanzmärkten ohne eigenes Zutun mehr Geld hervorbringen. Solange diese verlockende Möglichkeit besteht, wird wenig Interesse bestehen, über einen gesamtgesellschaftlichen Wandel nachzudenken, denn eigenes Geld vermag uns individuelle Freiheit zu schenken. Der moderne Mensch wünscht oft nichts sehnlicher als vom Arbeitsjoch befreit zu werden, doch ohne Arbeit verliert der Tag seine Struktur, die

Freizeit ihren Wert. Dann wird alles beliebig und das Leben beginnt seinen Sinn zu verlieren. Trotzdem träumen Millionen davon, vom Tellerwäscher zum Millionär oder vom Aschenputtel zur Prinzessin zu werden. Wer diesem Traum nachhängt, will sich ein privates Glück kaufen. Doch kann das funktionieren? Hat es nicht die Welt an den Rand des Abgrunds gebracht, dass wir immer nur das innerhalb des Systems Denkbare und Machbare gewollt haben? Ist es nicht höchste Zeit das Unmögliche zu denken und zu tun?

Bedingungsloses Grundeinkommen will einen Ausweg aus der inhumanen kapitalistischen Arbeitswelt schaffen. Die Idee ist vor dem Hintergrund zunehmend krank machender Arbeitsverhältnisse verständlich. Doch lässt sich gesellschaftlich notwendige Arbeit wirklich organisieren, wenn die individuelle Notwendigkeit sie zu verrichten durch ein bedingungsloses Grundeinkommen aufgehoben wird? Ist es nicht wesentlich humaner und also konsequenter, die Arbeitsverhältnisse zu verbessern? Sollte notwendige und sinnvolle Arbeit nicht ein sinnstiftender, selbstwertschaffender Bestandteil unseres Lebens sein? Oder wollen wir wirklich ohne Arbeit leben?

Wie fehlgesteuert unsere Arbeitswelt ist, hat Heinrich Böll in einer „Anekdote zur Senkung der Arbeitsmoral" veranschaulicht, die er 1963 zum 1. Mai, dem „Tag der Arbeit" schrieb. Er erzählt von einem portugiesischen Fischer, der nach getaner Arbeit entspannt am Strand in der Sonne liegt. Ein Tourist will ihn motivieren, erneut raus zu fahren und redet auf ihn ein:

> „Sie würden sich in spätestens einem Jahr einen Motor kaufen können, in zwei Jahren ein zweites Boot, in drei oder vier Jahren könnten Sie vielleicht einen kleinen Kutter haben, mit zwei Booten oder dem Kutter würden Sie natürlich viel mehr fangen – eines Tages würden Sie zwei Kutter haben, Sie würden ... ein kleines Kühlhaus bauen, vielleicht eine Räucherei, später eine Marinadenfabrik, mit einem eigenen Hubschrauber rundfliegen, die Fischschwärme ausmachen und Ihren Kuttern per Funk Anweisung geben. Sie könnten die Lachsrechte erwerben, ein Fischrestaurant eröffnen, den Hummer ohne Zwischenhändler direkt nach Paris exportieren - und dann ..."
> „Was dann?" fragt er [der Fischer, d.A.] leise.
> „Dann", sagt der Fremde mit stiller Begeisterung, „dann könnten Sie beruhigt hier im Hafen sitzen, in der Sonne dösen - und auf das herrliche Meer blicken."
> „Aber das tu ich ja schon jetzt", sagte der Fischer ...[157]

Wir wissen jedoch, es reicht nicht, dass sich der Fischer dem Profitstreben verweigert. Andere haben die Meere fast leer gefischt. Deshalb muss unser Fischer, ob er will oder nicht, immer weiter hinausfahren und kann doch kaum vom Fischfang leben.

Es gibt nur noch wenige Nischen, die ein individuelles Glück jenseits der Profitlogik ermöglichen. Das gesamtgesellschaftliche Problem erfordert eine gesamtgesellschaftliche Lösung. Am deutlichsten zeigt uns das der Klimawandel. Unwetter und Dürre können wir kaum durch Flucht auf eine Insel entgehen, besonders dann nicht, wenn die Insel vom Meer verschluckt zu werden droht. Wirkliche Lösungen ökologischer Probleme geraten zudem in Konflikt mit wachsenden sozialen Problemen. Deshalb wird grüne Politik innerhalb der kapitalistischen Profitlogik immer mehr zu einem Luxusprojekt. Gesund, achtsam und mental entspannt leben, kann sich heute meist nur leisten, wer nicht im Niedriglohnsektor immer mehr Arbeit für immer weniger Lohn leisten muss. Der dringend notwendige ökologische Umbau unserer Wirtschaft kann aber nur gelingen, wenn er für die Mehrheit der Menschen eine Verbesserung ihrer Lebensverhältnisse bringt. Wirklicher Umweltschutz kostet letztlich vor allem eins: Abschied vom Konsumterror. Es geht also nicht um Verzicht, sondern um Befreiung von sinnlosen Ausgaben und sinnloser Arbeit. Doch attraktiv wird diese Vision nur, wenn durch das Einsparen sozial und ökologisch destruktiver Arbeit keine Existenzen bedroht werden. Das erfordert mehr Lohngelder für wirklich notwendige und sinnvolle, ja sinnstiftende Arbeit. Hierauf wird die Geldreform im 4. und letzten Band dieser Tetralogie zielen.

12. Anhang

12.1. Die Quadratur des Geldes – Eine Tetralogie

1. Teil

Manifest für das 22. Jahrhundert – Moneyfest for future

In diesem Buch werden Zusammenhänge zwischen ökologischen Kreisläufen und dem Geldkreislauf skizziert. Es wird gezeigt, warum im heutigen Geldsystem soziale und ökologische Konflikte nicht gelöst werden können, sondern zunehmen. In diesem Zusammenhang wird der Mythos Marx hinterfragt. Außerdem wird die Entstehung des Eigentums skizziert.

2. Teil

Geschichte des Geldes – Verpflichtung versus Verschuldung

David Graeber sieht in Schulden eine Ursache für Kriege. Doch Schulden werden auch Verbindlichkeiten genannt. Tatsächlich können Schulden auch Verpflichtungen darstellen, die eine soziale Gemeinschaft binden, statt sprengen. Dieses Buch geht den Unterschieden von Geschenkwirtschaft, Tauschwirtschaft und Geldwirtschaft nach und wirft auch einen Blick auf das Kerbholzsystem. Es rekonstruiert die Entstehung, Entwicklung und Veränderungen des Geldes vom prähistorischen Tauschhandel bis zum heutigen Kreditgeld. Diese Geldgeschichte ermöglicht einen neuen Blick auf die Zukunft.

3. Teil

Das kapitalistische Geldsystem – Entwirrte Krisendynamik

Ulrike Herrmann sieht nicht im Kreditgeld, sondern in den einst hohen Löhnen in England die Ursache der Entstehung des Kapitalismus. Tatsächlich gab es im Altertum neben Vollgeld aus freier Münzprägung auch Schuldscheine. Doch erst das moderne 100-prozentige Kreditgeld erzeugt die kapitalistische Dynamik. Das Buch verfolgt die Abhängigkeiten der Geldversorgung der Wirtschaft von Kreditaufnahme und Profiterwartung, sowie die Geheimnisse der Finanzprodukte. Es macht verständlich, warum das gewaltige Innovationspotential des Kapitalismus zunehmend destruktiv wirkt.

4. Teil

Vorschlag für eine Geldreform – Grundprinzipien und Regeln

Hier werden keine Luftschlösser gebaut, die an die Vernunft und den guten Willen der Menschen appellieren. Hier werden Regelwerke vorgestellt, die selbstregulierende wirtschaftliche Systeme ermöglichen. Die Regeln werden aufbauend auf der Analyse der vorangegangenen Teile der Tetralogie entwickelt. Die Quadratur des Geldes kann gelingen. Denn Geld ist keine vorgegebene, sondern eine menschengemachte Struktur.

12.2. Danksagung

Ich danke erneut der Regisseurin Carmen Losmann für ihre zahlreichen Hinweise zum Verständnis des Textes und besonders für ihre Ausdauer und Geduld, mehrere Textfassungen aufmerksam und kritisch gelesen zu haben.

Auch Prof. Joseph Huber danke ich für seine kritischen Hinweise und seine interessanten inhaltlichen Anmerkungen.

Für Anregungen zur Lesbarkeit sowie fürs Korrekturlesen danke ich wieder einmal meiner Schwester Gamilah Kenawi, die viel Zeit und Mühe auch in dieses Buch investiert hat.

Mein Dank gilt auch Wolfgang Läuger und Josef Mikus für ihre Hinweise und Fehlerkorrekturen.

Falls trotz aller Mühe Fehler übersehen wurden, gehen diese auf mein Konto. Ich freue mich wie immer über Hinweise per Mail, damit ich die Fehler korrigieren kann.

Für die Gestaltung des Covers danke ich erneut Heike Stephanie Aßmann.

12.3. Vita

1962 in Ostberlin geboren. Als Tischlerin und (Diplom)Ingenieurin gleichermaßen an Hand- und Kopfarbeit wie an praktischen und theoretischen Fragen interessiert. Während des Zusammenbruchs der DDR und der anschließenden Annexion in der Frauenbewegung aktiv, später Archivarin und Holzgutachterin. 2005 bis 2009 autodidaktisches Ökonomiestudium. Heute freiberufliche Autorin.

KULTURELLER HINTERGRUND UND DANK

Mein Ururgroßvater war Kaufmann und Jude, mein Urgroßvater Prof. der Rechte und Christ. Mein Großvater war Feinmechaniker und Atheist, mein Vater Ingenieur und Moslem. Obwohl ich keinen dieser Männer kennen lernte (da auch mein Vater sehr früh starb), haben sie mir alle etwas hinterlassen. Bücher über Wirtschaft mein Ururgroßvater, Bücher über Recht mein Urgroßvater, politisches Engagement und Freude am Handwerk mein Großvater und einen kulturkritischen Blick mein Vater. Meine Mutter hat mir als Ingenieurin und Atheistin einen naturwissenschaftlichen, kritischen Geist und Zweifel an allen Ideologien mitgegeben. Vor diesem Hintergrund begegne ich Ideen grundsätzlich mit kritischem Interesse und prüfender Neugierde. Vor allem meiner Mutter und meinem *sozialen* Vater (ebenfalls Ingenieur und Atheist) bin ich zu Dank verpflichtet.

12.4. Literaturverzeichnis

Abelshauser, Werner (1983): Wirtschaftsgeschichte der Bundesrepublik Deutschland (1945-1980) – Suhrkamp: Frankfurt am Main

Argentarius (1921): Vom Gelde. Briefe eines Bankdirektors an seinen Sohn – Bank Verlag: Berlin

Ariès, Philippe; Duby, Georges (Hrsg.) (1989): Geschichte des privaten Lebens. 1. Band: Veyne, Paul (Hrsg.): Vom Römischen Imperium zum Byzantinischen Reich – Fischer: Frankfurt am Main

Bank für Internationalen Zahlungsausgleich (Hrsg.) (1963): Acht Europäische Zentralbanken. Banque Nationale de Belgique, Deutsche Bundesbank, Bank of England, Banque de France, Banca d'Italia, Nederlandsche Bank, Schweizerische Nationalbank, Sveriges Riksbank. Eine Darstellung ihres Aufbaus und ihrer Tätigkeit – Fritz Knapp Verlag: Frankfurt am Main

Barchewitz, Adolf (1957): Das Bankrecht (2. völlig neu überarb. Aufl.) – Meissners: Hamburg

Behrend, Hanna (Hrsg.) (1997): Wirtschaften für das „gemeine Eigene". Handbuch zum gemeinwesenorientierten Wirtschaften – In: Auf der Suche nach der verlorenen Zukunft. Band 7 – trafo verlag: Berlin

Behrend, Hanna (Hrsg.) (2000): Die Arbeit als Menschenrecht im 21. Jahrhundert. Beiträge zur Debatte über einen alternativen Arbeitsbegriff – In: Auf der Suche nach der verlorenen Zukunft. Band 10 – trafo verlag: Berlin

Benda, D.A. (1842): Robert Peel's Finanz-System oder Über die Vorzüge der Einkommensteuer im Gegensatz zu Staats-Anleihen und Zinsreductionen – A. Hirschwald: Berlin

Bendixen, Friedrich (1917): Das Inflationsproblem. In: Finanzwirtschaftliche Zeitfragen (Heft 31) – F. Enke Verlag: Stuttgart

Bendixen, Friedrich (1918): Das Wesen des Geldes. Zugleich ein Beitrag zur Reform der Reichsbankgesetzgebung (2. überarb. Auflage) – Duncker & Humblot: München, Leipzig

Bendixen, Friedrich (1918): Wucher und Kettenhandel – Verlag von C. Boysen: Hamburg

Bendixen, Friedrich (1920): Geld und Kapital. Gesammelte Aufsätze (2. überarb. Auflage) – G. Fischer: Jena

Binswanger, Hans Christoph (1985): Geld und Magie. Deutung und Kritik der modernen Wirtschaft anhand von Goethes Faust – Weitbrecht: Stuttgart

Bloch, Ernst (1972): Naturrecht und menschliche Würde – Suhrkamp: Frankfurt am Main

Bockelmann, Eske (2004): Im Takt des Geldes. Zur Genese modernen Denkens – zu Klampen: Springe

Böll, Heinrich (1994): Erzählungen – Kiepenheuer & Witsch: Köln

Bonner, Bill; Wiggin, Addison (2006): Das Schuldenimperium. Vom Niedergang des amerikanischen Weltreichs und der Entstehung einer globalen Finanzkrise – Riemann: München

Braudel, Fernand (1991): Die Dynamik des Kapitalismus – Klett-Cotta: Stuttgart

Braun, Anneliese (1998): Arbeit ohne Emanzipation und Emanzipation ohne Arbeit? – In: Behrend, Hanna (Hrsg.): Auf der Suche nach der verlorenen Zukunft. Band 8 – trafo verlag: Berlin

Briggs, John, Peat, David F. (1993): Die Entdeckung des Chaos. Eine Reise durch die Chaostheorie – dtv: München

Brosius, Heinrich (o.J., um 1906): Moderne Kontokorrentlehre. Der kaufmännische Kontokorrent und dessen verschiedene Methoden in praktischen Beispielen (2. verbesserte Aufl.) – L.Huberti: Leipzig

Bücklers, Maximilian (2002): Bilanzfälschung nach § 331 Nr. 1 HGB. Ein Beitrag zu Möglichkeiten und Grenzen des Bilanzstrafrechts – Shaker: Aachen

Buff, Siegfried (1904): Das Kontokorrentgeschäft im deutschen Bankgewerbe – Cotta: Stuttgart, Berlin

Busch, Stephan (1990): Umschuldung sittenwidriger Ratenkredite – Peter Lang: Frankfurt am Main, Bern, New York, Paris

Deutsche Bank (1974): Beiträge zu Wirtschaftsfragen und zur Bankgeschichte (Nr. 12.) – Deutsche Bank: Frankfurt am Main

Deutsche Bundesbank (1983): Revidierte Ergebnisse der gesamtwirtschaftlichen Finanzierungs- und Geldvermögensrechnung für die Jahre 1950 bis 1959 – Deutsche Bundesbank: Frankfurt am Main

Deutsche Bundesbank (1994): Ergebnisse der Gesamtwirtschaftlichen Finanzierungsrechnung für Westdeutschland 1960 bis 1992 – Deutsche Bundesbank: Frankfurt am Main

Deutsche Bundesbank (2002): Ergebnisse der gesamtwirtschaftlichen Finanzierungsrechnung für Deutschland 1991 bis 2001 (Statistische Sonderveröffentlichung Nr. 4)

Deutsche Bundesbank (2008): Ergebnisse der gesamtwirtschaftlichen Finanzierungsrechnung für Deutschland 1991 bis 2007 (Statistische Sonderveröffentlichung Nr. 4)

Donges, Juergen B.; Eekhoff, Johann; Möschel, Wernhard; Neumann, Manfred J.M.; Sievert, Olaf (Kronberger Kreis) (2001): Privatisierung von Landesbanken und Sparkassen. (Veröffentlichung des Frankfurter Instituts, Stiftung Marktwirtschaft und Politik, Bd. 38) Bad Homburg

Dürmeier, Thomas; Egan-Krüger, Tanja von; Peukert, Helge (Hrsg.) (2006): Die Scheuklappen der Wirtschaftswissenschaften. Postautistische Ökonomik für eine pluralistische Wirtschaftslehre – Metropolis: Marburg

Engelmann, Bernt (1990): Schwarzbuch. Helmut Kohl – eiserner Kanzler des großen Geldes – Steidl: Göttingen

Engelmann, Bernt; Wallraff, Günter (1975): Ihr da oben – Krupp. Thurn und Taxis. Henkel. Waldburg zu Zeil und Trauchburg. Waldburg-Wolfegg und Waldsee. Fichtel und Sachs. Guttenberg. Stauffenberg. Flick. Horten. Melitta. Oetker. Der Reichste? Gerling Arzberger – wir da unten – Verlag der Nation: Berlin

Erhard, Ludwig (1957): Wohlstand für Alle (Erstausgabe) – Econ: München

Europäische Bankengeschichte (1983): Fritz Knapp Verlag: Frankfurt am Main

European Central Bank (Hrsg.) (2004): The monetary policy of the ECB – Frankfurt am Main

Fontana, Josep (1995): Europa im Spiegel. Eine kritische Revision der europäischen Geschichte – C.H.Beck: München

Friedman, Milton (1992): Geld regiert die Welt. Neue Provokationen vom Vordenker der modernen Wirtschaftspolitik – Econ: Düsseldorf et al.

Friedrich, Heinz (Hrsg.) (1988): Mein Kopfgeld. Die Währungsreform. Rückblicke nach vier Jahrzehnten – dtv: München

Gabler (1988): Wirtschafts-Lexikon – Taschenbuch-Kassette mit 6 Bänden (12. vollständig neu bearb. u. erw. Aufl.) – Gabler: Wiesbaden

Gaettens, Richard (1955): Inflationen. Das Drama der Geldentwertungen vom Altertum bis zur Gegenwart – R. Pflaum: München

Gebauer, Wolfgang (1987): Ecu-Märkte und Kapitalverkehrskontrollen in der Europäischen Gemeinschaft. In: Schneider, Dieter (Hrsg.): Kapitalmarkt und Finanzierung (Jahrestagung des Vereins für Socialpolitik, Gesellschaft für Wirtschafts- und Sozialwissenschaften in München vom 15.-17. September 1986) – Duncker & Humblot: Berlin

GEO Epoche (2014): Der Kapitalismus (Das Magazin für Geschichte, Nr. 69) – Gruner + Jahr: Hamburg

Gesell, Silvio (1988): Gesammelte Werke. Band 1. 1891-1894 – Gauke Verlag: Hannover-Münden

Gesell, Silvio (1991): Gesammelte Werke. Band 11. 1920. Die Natürliche Wirtschaftsordnung durch Freiland und Freigeld (4. letztmalig vom Autor überarb. Aufl.; Faksimile) – Gauke Verlag : Lütjenburg

Götz, Christiane; Weimer, Wolfram (1995): Pleiten und Profite. Porträts deutscher Nachkriegsbanker – Ullstein: Frankfurt am Main

Graeber, David (2012): Schulden. Die ersten 5.000 Jahre – Klett-Cotta: Stuttgart

Griffin, G. Edward (2006): Die Kreatur von Jekyll Island. Die US-Notenbank Federal Reserve. Das schrecklichste Ungeheuer, das die internationale Hochfinanz je schuf – J.Kopp Verlag: Rottenburg

Groehler, Olaf (Hrsg.) (1987): Alternativen. Schicksale deutscher Bürger – Verlag der Nation: Berlin

Gysi, Gregor (2018): Marx und wir. Warum wir eine neue Gesellschaftsidee brauchen – Aufbau: Berlin

Hailey, Arthur (1976): Die Bankiers – Ullstein: Berlin

Hankel, Wilhelm (1995): Das große Geld-Theater. Über DM, Dollar, Rubel und Ecu – Dt. Verlags-Anstalt: Stuttgart

Hankel, Wilhelm; Isaak, Robert (1981): Die moderne Inflation. Ein Fall für Exorzismus oder Moderation? – Bund-Verlag: Köln

Hartmann, Monika E. (2000): Elektronisches Geld und Geldpolitik. Eine Analyse der Wechselwirkungen – Diss. Univ. Karlsruhe (TH). Universitätsverlag: Karlsruhe

Hartmann, Ralph (2008): Die Liquidatoren. Der Reichskommisar und das wiedergewonnene Vaterland. 3. Aufl. – edition ost: Berlin

Hasenkamp, Adolf (1907): Die Geldverfassung und das Notenbankwesen der Vereinigten Staaten – Fischer: Jena

Hayek, Friedrich A. (1929): Geldtheorie und Konjunkturtheorie – Hölder-Pichler-Tempsky: Wien, Leipzig

Heinsohn, Gunnar; Steiger, Otto (1996): Eigentum, Zins und Geld. Ungelöste Rätsel der Wirtschaftswissenschaft – Reinbek bei Hamburg: Rowohlt

Henning, Friedrich-Wilhelm (1974): Das vorindustrielle Deutschland 800 bis 1800 (1. Aufl.) – F. Schöningh: Paderborn

Henning, Friedrich-Wilhelm (1993): Die Industrialisierung in Deutschland 1800 bis 1914 (8. Aufl.) – F. Schöningh: Paderborn

Herles, Benedikt(2018): Zukunftsblind. Wie wir die Kontrolle über den Fortschritt verlieren – Droemer: München

Herrmann, Ulrike (2014): Der Sieg des Kapitals - Frankfurt am Main: Westend

Hetger, Winfried A. (1989): Sittenwidrigkeit von Ratenkrediten und Kreditwucher – Peter Lang: Frankfurt am Main, Bern, New York, Paris

Heuberger, Georg (Hrsg.) (1994): Die Rothschilds. Beiträge zur Geschichte einer europäischen Familie (Essayband) – Jan Thorbecke Verlag: Sigmaringen (Katalog zur Ausstellung „Die Rothschilds – Eine europäische Familie" im jüdischen Museum Frankfurt am Main 11.10.1994 - 27.2.1995)

Hodgson Brown, Ellen (2008): Der Dollar-Crash. Was Banker Ihnen nicht erzählen. 1. Auflage – Kopp Verlag: Rottenburg

Huffschmid, Jörg (1999): Politische Ökonomie der Finanzmärkte – VSA-Verlag: Hamburg

Huth, Thomas (2001): Die Goldene Regel als Wettbewerbsgleichgewicht. Ein Versuch über Keynes – Duncker & Humblot: Berlin

Ilwof, Franz (1882): Tauschhandel und Geldsurrogate – Graz

Institut für bankhistorische Forschung (Hrsg.) (1982): Deutsche Bankengeschichte Bd. 1-3 – Fritz Knapp Verlag: Frankfurt am Main

Jahn, Olaf; Opalka, Susanne (2004): Tod im Milliardenspiel. Der Bankenskandal und das Ende eines Kronzeugen – Transit: Berlin

Kantorowicz, Hermann Ulrich (1906): Der Kampf um die Rechtswissenschaft – Heidelberg

Kenawi, Samirah (2021a): Manifest für das 22. Jahrhundert – BoD: Norderstedt

Kenawi, Samirah (2021b): Geschichte des Geldes – BoD: Norderstedt

Kennedy, Margrit (1990): Geld ohne Zins und Inflation. Ein Tauschmittel das jedem dient – Goldmann Verlag: München

Kennedy, Margrit; Lietaer, Bernard (2004): Regionalwährungen. Neue Wege zu nachhaltigem Wohlstand – Riemann: München

Kessler, Ronald (1985): Probleme des Konsumentenratenkredites – Fritz Knapp Verlag: Frankfurt am Main

Keynes, John Maynard (1932): Vom Gelde. (A treatise on money.) – Duncker & Humblot: Berlin

Keynes, John Maynard (1988): Vorschläge für die Gründung einer internationalen Clearing-Union. In: Lettre International. Europas Kulturzeitung. 1988 (Jg. 1), Heft 2, S. 39-48

Keynes, John Maynard (1994): Allgemeine Theorie der Beschäftigung, des Zinses und des Geldes (7. Aufl.) – Duncker & Humblot: Berlin

Knapp, Georg Friedrich (1921): Staatliche Theorie des Geldes (3. überarb. Aufl.) – Duncker & Humblot: München, Leipzig

Knapp, Georg Friedrich; Bendixen, Friedrich (1958): Zur staatlichen Theorie des Geldes. Ein Briefwechsel, 1905-1920; herausgegeben von Kurt Singer – Kyklos: Basel und – Mohr: Tübingen

Kohl, Jürgen (1985): Staatsausgaben in Westeuropa. Analysen zur langfristigen Entwicklung der öffentlichen Finanzen – Campus: Frankfurt am Main, New York

Kohl, Markus (1991): Wirtschaftskriminalität. Wirtschaftsdelikte im Rechnungswesen der Unternehmung und ihre Bekämpfung (Diss. Univ. Mannheim) – Mannheim

Korn, Michael (1989): Die Ausfallschätzung im Ratenkreditgeschäft – Diss. der Westfälischen Wilhelms-Univ. zu Münster

Kostenzer, Otto (1976): Das kleine Buch vom Gold. Alles Wissenswerte vom Gold und seiner Geschichte – Pinguin-Verlag: Insbruck und – Umschau: Frankfurt am Main

Kück, Marlene (Hrsg.) (1992): Allgemeine Betriebswirtschaftslehre. Grundlagen. 1. Aufl. – Nomos Verlagsgesellschaft: Baden-Baden

Kück, Marlene (Hrsg.) (2004): Die Krise im Bankensektor – BWV: Berlin

Kurz, Robert (2001): Schwarzbuch des Kapitalismus. Ein Abgesang auf die Marktwirtschaft. 1. Aufl. – Ullstein – München

Lambach, Walther; Bott, Karl (Hrsg.) (1922-1923): Welt des Kaufmanns. Monatsschrift für Kaufmannswirken auf allen Lebensgebieten. (4. Jg.) – Hamburg: Hanseatische Verlagsanstalt

Lange, Carsten (1995): Seignorage: eine theoretische und empirische Analyse des staatlichen Geldschöpfungsgewinns (Diss. Univ. Hannover: 1994) – Duncker & Humblot: Berlin

Le Goff, Jacques (1993): Kaufleute und Bankiers im Mittelalter – Campus: Frankfurt a.M., New York

Leverkus, Erich (1990): Freier Tausch und fauler Zauber. Vom Geld und seiner Geschichte – Knapp: Frankfurt am Main

Lietaer, Bernard A. (1999): Das Geld der Zukunft. Über die destruktive Wirkung des existierenden Geldsystems und die Entwicklung von Komplementärwährungen – Riemann Verlag: o.O.

Lindenberg, Otto (1903): Geschichte einer Spekulationsbank. Ein Beitrag zur Kritik des deutschen Bankwesen – Hayn's Erben: Berlin

Lingelbach, Gerhard (Hrsg.) (2000): Staatsfinanzen – Staatsverschuldung – Staatsbankrotte in der europäischen Staats- und Rechtsgeschichte – Böhlau: Köln, Weimar, Wien

Ludwig, Günter (1988): Silber. Aus der Geschichte eines Edelmetalls – Die Wirtschaft: Berlin

Luxemburg, Rosa (1985): Gesammelte Werke. Band 5. Ökonomische Schriften – Dietz: Berlin

Mandel, Ernest (1972): Die deutsche Wirtschaftskrise. Lehren der Rezession 1966/67. 8. Aufl. – Europäische Verlagsanstalt: Frankfurt am Main

Marx, Karl (1951a): Das Kapital. Kritik der politischen Ökonomie. 1. Band: Der Re-produktionsprozess des Kapitals – Dietz: Berlin

Marx, Karl (1951b): Das Kapital. Kritik der politischen Ökonomie. 2. Band: Der Zirku-lationsprozess des Kapitals – Dietz: Berlin

Marx, Karl (1951c): Das Kapital. Kritik der politischen Ökonomie. 3. Band: Der Ge-samtprozess der Kapitalistischen Produktion – Dietz: Berlin

Marx, Karl (1956): Theorien über den Mehrwert. (4. Band des Kapitals: 1863) – Dietz: Berlin

Marx, Karl (1980): Das Elend der Philosophie. Antwort auf Proudhons „Philosophie des Elends". In: Marx, Karl; Engels, Friedrich: Werke Band 4 – Dietz: Berlin, S. 63-182

Marx, Karl; Engels, Friedrich (1952): Manifest der Kommunistischen Partei – Dietz: Berlin

McLeod Easton, Laird (2005): Der Rote Graf. Harry Graf Kessler und seine Zeit – Klett-Cotta: Stuttgart

Menger, Carl (1968): Gesammelte Werke, Band 1: Grundsätze der Volkswirtschafts-lehre (2. Aufl.) – Mohr (Siebeck): Tübingen

Menger, Carl (1970): Gesammelte Werke, Band 4: Schriften über Geld und Währungs-politik (2. Aufl.) – Mohr (Siebeck): Tübingen

Meyer-Renschhausen, Elisabeth; Holl, Anne (Hrsg.) (2000): Die Wiederkehr der Gärten. Kleinwirtschaft im Zeitalter der Globalisierung – Studienverlag: Innsbruck, Wien, München

Meyers Enzyklopädisches Lexikon in 25 Bänden (1981): Korrigierte Ausgabe von 1981 – Lexikonverlag: Mannheim, Wien, Zürich

Mies, Maria; Werlhof, Claudia von (Hrsg.) (1998): Lizenz zum Plündern. Das Multi-laterale Abkommen über Investitionen MAI. Globalisierung der Konzernherrschaft und was wir dagegen tun können – Hamburg: Rotbuch

Mises, Ludwig (1924): Theorie des Geldes und der Umlaufmittel. Duncker und Hum-blot – München und Leipzig, 2. Auflage 1924

Moltke, Helmuth von (1892a): Gesammelte Schriften und Denkwürdigkeiten. 2. Band: Vermischte Schriften – Mittler und Sohn: Berlin

Moltke, Helmuth von (1892b): Gesammelte Schriften und Denkwürdigkeiten. 1. Band: Zur Lebensgeschichte – Mittler und Sohn: Berlin

Muthesius, Volkmar (1973): Augenzeuge von drei Inflationen – Fritz Knapp: Frankfurt am Main

Nirk, Rudolf; Stehle, Peter (2003): Das Kreditwesengesetz. Einführung und Kommen-tar (12., völlig überarbeitet Auflage) – Fritz Knapp: Frankfurt am Main

Nölling, Katherine (1994): Die Krise der amerikanischen Sparinstitute. Regulierung, Marktaustrittsbarrieren und Politikversagen – Duncker & Humblot: Berlin

North, Douglass C.; Thomas, Robert Paul (1995): The rise of the western world. A new economic history – University Press: Cambridge (USA)

North, Michael (1994): Das Geld und seine Geschichte. Vom Mittelalter bis zur Gegen-wart – Beck: München

North, Michael (1995): Von Aktie bis Zoll. Ein historisches Lexikon des Geldes – Beck: München

Oelßner, Fred (1952): Die Wirtschaftskrisen. 1. Bd.: Die Krisen im vormonopolistischen Kapitalismus – Dietz: Berlin

Ogger, Günter (1979): Kauf dir einen Kaiser. Die Geschichte der Fugger – Knaur: München

Ohlsen, Manfred (1987): Der Eisenbahnkönig Bethel Henry Strousberg. Eine preußische Gründerkarriere – Verlag der Nation: Berlin

Oppermann, Christiane (2004): Schwarzbuch Banken – Knaur: München

Ovid (1999): Metamorphosen – dtv: München

Paprotzki, Maria (1991): Die geldpolitischen Konzeptionen der Bank von England und der Deutschen Bundesbank. Eine Analyse über den Einfluß des monetaristischen Paradigmas – Peter Lang: Frankfurt am Main et al.

Perkins, John (2004): Bekenntnisse eines Economic Hit Man: Unterwegs im Dienste der Wirtschaftsmafia – Riemann: München

Plum, Werner (1979): Als in Babel der Zement erfunden wurde: Schöpfungen und Erschöpfungen der Industriegesellschaft – Verlag Neue Gesellschaft: Bonn

Pohl, Hans (Hrsg.) (1998): Geschichte der deutschen Kreditwirtschaft seit 1945 (Institut für bankhistorische Forschung) – Fritz Knapp: Frankfurt am Main

Pohl, Manfred (1976): Einführung in die Deutsche Bankengeschichte – Fritz Knapp: Frankfurt am Main

Pohl, Manfred (1982): Die Entwicklung des deutschen Bankwesens zwischen 1848 und 1870. In: Deutsche Bankengeschichte. Bd. 2 – Frankfurt am Main

Polanyi, Karl (1979): Ökonomie und Gesellschaft – Suhrkamp: Frankfurt am Main

Polleit, Thorsten; Prollius Michael von (2014): Geldreform. Vom schlechten Staatsgeld zum guten Marktgeld – FinanzBuch Verlag: München

Popper, Karl Raimund (1966): Logik der Forschung (2. Aufl.) – J.C.B. Mohr: Tübingen

Popper, Karl Raimund (2002): herausgegeben von W.W. Bartley: Realismus und das Ziel der Wissenschaft. Aus dem Postskript zur Logik der Forschung I – J.C.B. Mohr: Tübingen

Proudhon, Pierre Joseph (1923): Bekenntnisse eines Revolutionärs (von 1848) – Laub'sche Verlagsbuchhandlung: Berlin

Proudhon, Pierre Joseph (2003): System der ökonomischen Widersprüche oder: Philosophie des Elends. Karin Kramer Verlag: Berlin [Erstausgabe 1847]

Proudhon, Pierre Joseph (o.J.): Was ist das Eigentum? Erste Denkschrift (Erstausgabe 1840) – Monte Verita: Wien

Quesnay, François (1965): Tableau économique – Akademie-Verlag: Berlin

Quesnay, François (1976): Ökonomische Schriften in zwei Bänden – Akademie-Verlag: Berlin

Rathenau, Walther (1965): Schriften – Berlin Verlag: Berlin

Rathenau, Walther (o.J., um 1929): Von kommenden Dingen (72. Aufl.) – S. Fischer: Berlin

Rawls, John (1975): Eine Theorie der Gerechtigkeit – Suhrkamp: Frankfurt am Main:

Reinisch, Dieter (Hrsg.) (2012): Der Urkommunismus. Auf den Spuren der egalitären Gesellschaft – Wien: Promedia

Richebächer, Kurt (1980): Im Teufelskreis der Wirtschaftspolitik. Fiskalsozialismus verdrängt die Marktwirtschaft – Bonn

Riese, Hajo (2000): Zur dimensionalen Aporie des Güterzinses: Kapitaltheorie, Intertemporale Preistheorie, Produktionspreistheorie (Volkswirtschaftliche Reihe der Freien Univ. Berlin, Nr. 2000/24) – Berlin

Riese, Hajo (2001): Geld – die unverstandene Kategorie der Nationalökonomie (Diskussionsbeiträge des Fachbereichs Wirtschaftswissenschaft der Freien Universität Berlin, Nr. 2001/8) – Berlin

Rittershausen, Heinrich (1962): Die Zentralnotenbank. Ein Handbuch ihrer Instrumente, ihrer Politik und ihrer Theorie – Fritz Knapp: Frankfurt am Main

Robinson, Joan (1969): Die Akkumulation des Kapitals – Ullstein: Frankfurt am Main

Roehl, Christoph von (1988): Große Depression und Stagflation. Eine kritische Analyse der deutschen Wirtschaftspolitik 1927/1933 und 1970/86 – Vandenhoeck & Ruprecht: Göttingen

Rose, Mathew D. (1998): Berlin. Hauptstadt von Filz und Korruption – Knaur: München

Rudersdorf, Markus (1996): Der Wiederbeginn des Bankgeschäfts nach dem Zweiten Weltkrieg am Beispiel Kölner Institute – Botermann & Botermann: Köln

Rügemer, Werner (2002): Arm und reich – transcript: Bielefeld

Rügemer, Werner (2006): Der Bankier. Ungebetene Nachruf auf Alfred Freiherr von Oppenheim (1. Auflage) – Nomen Verlag: Frankfurt am Main

Sahlins, Marshall (1981): Kultur und praktische Vernunft – Suhrkamp: Frankfurt am Main

Sandel, Michael J. (2015): Gerechtigkeit. Wie wir das Richtige tun – Berlin: Ullstein

Say, Jean Baptiste (1845): Ausführliches Lehrbuch der praktischen Politischen Oekonomie. 1./2. Bd. – Verlag Otto Wigand: Leipzig

Schacht, Hjalmar (1966): Die Magie des Geldes. Schwund oder Bestand der Mark – Econ-Verlag: Düsseldorf, Wien

Schmeh, Klaus (2002): Die 55 größten Flops der Wirtschaftsgeschichte – Redline Wirtschaft bei Ueberreuter: Frankfurt am Main

Schmitt, Klaus (Hrsg.) (1989): Silvio Gesell - „Marx" der Anarchisten? Texte zur Befreiung der Marktwirtschaft vom Kapitalismus und der Kinder und Mütter vom patriarchalen Bodenunrecht – Karin Kramer Verlag: Berlin

Schmölders, Günter (1947): Die Zigarettenwährung. In: Kölner Universitäts-Zeitung. Jg. 2, Heft 4/5 (Aug./Sep.), S. 70-71 – Köln

Schmollers Jahrbuch (ab 1877): Schmoller, Gustav (Hrsg.): Jahrbuch für Gesetzgebung, Verwaltung und Volkswirtschaft im Deutschen Reich – Duncker & Humblot: Leipzig

Schmundt, Wilhelm (1975): Zeitgemäße Wirtschaftsgesetze – Achberg: Achberger Verlagsanstalt

Schui, Herbert (1991): Ökonomische Grundprobleme des entwickelten Kapitalismus – Distel: Heilbronn

Schultz, Uwe (Hrsg.) (1986): Mit dem Zehnten fing es an. Eine Kulturgeschichte der Steuer – Beck: München

Schultze, Ernst (1940): Gold. Romantik und Fluch des gelben Metalls – Goten-Verlag: Leipzig

Sievert, Olaf (1988): Außenwirtschaftliche Zwänge der Wirtschaftspolitik – In: Kieler Vorträge, Hrsg. Herbert Giersch, Neue Folge 112 – Institut für Weltwirtschaft an der Universität Kiel

Skopp, Hanns Robby (1990): Theorie und Praxis der Staatsverschuldung im Merkantilismus erläutert am Beispiel Kurbayerns – Diss.: Univ. Marburg

Smith, Adam (1923): Eine Untersuchung über Natur und Wesen des Volkswohlstandes. Bd. 1-3 – Gustav Fischer: Jena

Solmssen, Arthur R.G. (1986): Berliner Reigen – Fischer Taschenbuch Verlag: Frankfurt am Main

Solomon, Steven (1995): The confidence game. How unelected central bankers are governing the changed global economy – Simon & Schuster: New York et al.

Sombart, Werner (1904): Die gewerbliche Arbeiterfrage – Göschen'sche Verlagsbuchhandlung: Leipzig

Sombart, Werner (1928a): Das europäische Wirtschaftsleben im Zeitalter des Frühkapitalismus. 1. Halbband – Duncker & Humblot: München, Leipzig

Sombart, Werner (1928b): Die vorkapitalistische Wirtschaft – Duncker & Humblot: München, Leipzig

Sombart, Werner (1987): Der moderne Kapitalismus, Band 1 – Deutscher Taschenbuch Verlag: München

Sonnenfels, Josef von (1805): Grundsätze der Polizey, Handlung und Finanz. Zu dem Leitfaden des politischen Studiums. Dritter Theil: Die Finanzwissenschaft (7. überarb. Aufl.) – Camesinaische Buchhandlung: Wien

Statistisches Bundesamt (2008): Volkswirtschaftliche Gesamtrechnungen. Wichtige Zusammenhänge im Überblick: Wiesbaden

Steiner, André (2004): Von Plan zu Plan – Deutsche Verlags-Anstalt: München

Thorwart, Friedrich; Treue, Wilhelm; Kaufhold, Karl Heinrich (Hrsg.) (1990): Hermann Schulze-Delitzsch's Schriften und Reden. Bd. 1.; (Allgemeiner Verband der auf Selbsthilfe beruhenden deutschen Erwerbs- und Wirtschaftsgenossenschaften e.V.) – Keip: Frankfurt am Main

Treichlinger, Wilhelm M. (1968): Das Geld. Seine Geschichte in Geschichten – Residenz: Salzburg

Troost, Axel (1984): Staatsverschuldung und Kreditinstitute. Die öffentliche Kreditaufnahme im Rahmen des gesamten Kredit- und Dienstleistungsgeschäftes der Geschäftsbanken – Peter Lang: Frankfurt am Main et al.

Vogel, Emanuel Hugo (1938): Das Buchgeld als Mittel einer bargeldlosen Geld- und Kreditzirkulation – Österreichischer Wirtschaftsverlag: Berlin, Wien, Zürich

Vogl, Joseph (2016): Das Gespenst des Kapitals – diaphanes: Zürich

Vogtmann, Markus (2000): Geld, Kredit und Zins. Eine kreislaufanalytische Betrachtung – Rudolf Haufe: Freiburg i. Br.

Wagenknecht, Sahra (2016): Reichtum ohne Gier. Wie wir uns vor dem Kapitalismus retten – Campus: Frankfurt/New York

Wagenknecht, Sahra (2021): Die Selbstgerechten. Mein Gegenprogramm – für Gemeinsinn und Zusammenhalt – Campus: Frankfurt/New York

Weber, Max (1981): Wirtschaftsgeschichte. Abriß der universalen Sozial- und Wirtschaftsgeschichte – Duncker & Humblot: Berlin

Weiguny, Bettina (2009): Bionade. Eine Limo verändert die Welt – Eichborn: Frankfurt am Main

Weil, Simone (1956): Die Einwurzelung. Einführung in die Pflichten dem menschlichen Wesen gegenüber – Kösel: München

Weil, Simone (1978): Fabriktagebuch und andere Schriften zum Industriesystem – Suhrkamp: Frankfurt am Main

Weil, Simone (1987): Unterdrückung und Freiheit. Politische Schriften – Rogner & Bernhard bei Zweitausendeins: München

Weitnauer, Alfred (1931): Venezianischer Handel der Fugger. Nach der Musterbuchhaltung des Matthäus Schwarz – Duncker & Humblot: München, Leipzig

Wendt, Siegfried (1948): Die Bank von England und das englische Kreditwesen (Studienbogen A/8. Volkswirtschaft, Reihe Wirtschafts- und Sozialpolitik des Auslandes) – Verlag August Lutzeyer: Bad Oeynhausen, Minden

Wesel, Uwe (1997): Geschichte des Rechts. Von den Frühformen bis zum Vertrag von Maastrich – Beck: München

Wicksell, Knut (1898): Geldzins und Güterpreise. Eine Studie über die den Tauschwert des Geldes bestimmenden Ursachen – Gustav Fischer: Jena

Winkler, Ernst (1952): Theorie der natürlichen Wirtschaftsordnung. Die drei Gesetze des wirtschaftlichen Gleichgewichts und die natürliche Wirtschaftsentwicklung. – Vita Verlag: Heidelberg, Ziegelhausen

Wolf-Graaf, Anke (1983): Die verborgene Geschichte der Frauenarbeit. Eine Bildchronik – W. Heyne: München

Wolf, Dieter; Paragenings, Heinz (2004): Zur Konfusion des Wertbegriffs. Beiträge zur „Kapital"-Diskussion – Argument: Berlin

Wolter, Johannes (1917): Das staatliche Geldwesen Englands zur Zeit der Bank-Restriktion (1797 bis 1821). Heft 23 der Abhandlungen aus dem Staatswissenschaftlichen Seminar zu Straßburg – Verlag K. v. Trübner: Straßburg

Yallop, David A. (1988): Im Namen Gottes? Der mysteriöse Tod des 33-Tage-Papstes Johannes Paul I. Tatsachen und Hintergründe – Knaur: München

Zarlenga, Stephan (1999): Der Mythos vom Geld – die Geschichte der Macht. Vom Tauschhandel zum Euro: eine Geschichte des Geldes und der Währungen – Conzett: Zürich

Zeitschrift für das gesamte Kreditwesen (ab 1948): Fritz Knapp Verlag: Frankfurt am Main

Ziegler, Jean (1998): Die Barbaren kommen. Kapitalismus und organisiertes Verbrechen – Bertelsmann: München

12.5. Anmerkungen

[1]   Argentarius (1921), S. 15f.; 1. Brief

[2]   Zitiert nach: Kohl (1991), S. 2

[3]   Siehe Kenawi (2021 b: Geschichte des Geldes) Kapitel 10.3: *Bankbilanz*, S. 107

[4]   Perkins (2004), S. 298

[5]   Lietaer (1999), S. 127

[6]   Dieses Problem habe ich bereits im „Manifest für das 22. Jahrhundert" u.a. im Kapitel 3.5: *Der Geldkreislauf* skizziert.

[7]   Ludwig (1988), S. 172

[8]   North (1995), S.98 sowie Ludwig (1988), S. 74f.

[9]   Siehe Kenawi (2021 b: Geschichte des Geldes) Kapitel 8.3: *Rückwechsel*

[10] Siehe Kenawi (2021 b: Geschichte des Geldes) Kapitel 9: *Kreditfalle*

[11] Weitnauer (1931), S. 8

[12] Damals stellen neben Spanien auch Frankreich und Portugal das Bedienen der Staatsschulden ein, was das süddeutsche Bankwesen in eine Krise stürzte. Vgl.: Europäische Bankenge-schichte (1983), S. 117f.

[13] Weitere spanische Staatsbankrotte folgten 1575, 1597, 1607 und 1627, vgl. Europäische Ban-kengeschichte (1983) S. 117ff. sowie Kenawi: Geschichte des Geldes, Kapitel 9: *Kreditfalle*.

[14] Zarlenga (1999), S. 154

[15] Zitiert nach: Marx (1951a): Das Kapital. Band 1, Kapitel 24, Punkt 6. Genesis des industriel-len Kapitalisten, Fußnote 250, S. 801 [Horror ist im Original klein geschrieben.]

[16] Siehe Kenawi (2021b: Geschichte des Geldes) Kapitel 10.1: *Golddepotscheine*

[17] Da das Ende der Goldeinlösepflicht gesetzlich geregelt wurde, gibt es dafür Daten, auch wenn die Gesetze in aller Stille erlassen wurden, siehe Teil 2, Kapitel 10.8: *Zentralbank*.

[18] Herrmann (2014), S. 83

[19] Siehe Kenawi (2021b: Geschichte des Geldes) insbesondere Kapitel 10.2: *Banknoten* und 10.6: *Notenbanken*.

[20] Entweder nach: „WDR, Heut liegt was in der Luft" suchen oder den folgenden Link eingeben: https://www1.wdr.de/radio/wdr3/programm/sendungen/wdr3-hoerspiel/sci-fi-satire-sauer-stoffknappheit-100.html

[21] Groehler (1987), S. 80

[22] „Eine Chronik des Fluggedankens bis zum Luftverkehr im Dienste der Völkerverbindung" – Berlin 1930, S. 131; zitiert nach Groehler (1987), S. 74

[23] Groehler (1987), S. 65

[24] Ebenda, S. 63

[25] Ebenda, S. 64

[26] Ebenda, S. 83

[27] Ebenda, S. 80

[28] Weiguny (2009): S. 174

[29] Ebenda, S. 175ff.

[30] Vgl. auch Kenawi (2021a: Manifest) Kapitel 4.3: *Eigenkapital* und 4.4: *Profitgier*.

[31] Herrmann (2014), S. 199

[32] Siehe Teil 2: Kenawi (2021b: Geschichte...), Kapitel 8.5: Wechselübertragung, S. 81f.

33 Sievert (1988), S. 24

34 Le Goff (1993), S. 29

35 Treichlinger (1968), S. 86

36 Nach Le Goff entstehen die Schiffsaktien bereits im 13. Jh., die Versicherungspolicen erst im 14./15. Jh., vgl. Le Goff (1993), S. 29.

37 Siehe Kenawi (2021 b: Geschichte des Geldes) Kapitel 8.3: *Rückwechsel*

38 Zarlenga (1999), S. 123

39 Ogger (1979), S. 23f.

40 Siehe Kenawi (2021 b: Geschichte des Geldes) Kapitel 10.3: *Bankbilanz*

41 Troost (1984), S. 11

42 Siehe Kenawi (2021 b: Geschichte des Geldes) vor allem Kapitel 10.3: *Bankbilanz*

43 Gabler (1988), Band 3, S. 1993, Stichwort: *Geldmarkt*

44 Ebenda

45 Gabler (1988), Band 4, S. 155, Stichwort: *Liquidität*

46 Siehe Kenawi (2021 b: Geschichte des Geldes) Kapitel 10.3: *Bankbilanz*

47 Ebenda, Kapitel 10.10: *Buchgeld*, (S.137)

48 Keynes bezeichnet damit die „Zahlungsmittelmenge, die zu spekulativen Zwecken gehalten wird." Aus: Gabler (1988), Band 5, S. 1594, Stichwort: *Spekulationskasse*

49 Siehe u.a. Nölling (1994)

50 Verkauft eine Bank ein Wertpapier, verschwindet dieses Wertpapier aus der linken Seite der Bankbilanz. Dadurch sinkt die linke Summe der Aktiva. Entsprechend muss die Bank einen Geldbetrag im Umfang des auf der linken Seite verschwundenen Betrags auch auf der rechten Seite (Passiva) vernichten. Eine evtl. Wertdifferenz zwischen dem links vernichteten Buchwert der Wertpapiere und dem Verkaufserlös zum aktuellen Kurswert werden als Gewinn oder Verlust gebucht. Im Verlustfall verschwindet links mehr Buchwert als rechts aus Verkaufserlös vernichtet werden kann. Die Differenz zwischen Buch- und Kurswert muss dann durch Vernichten eines entsprechenden Anteils Eigenkapital rechts in der Bilanz ausgeglichen werden. Reicht das vorhandene Eigenkapital nicht aus, die Wertdifferenz zwischen Buchwert und Verkaufswert zu tilgen, ist die Bank formal pleite. Deshalb können Kurseinbrüche durch einen Börsencrash das gesamte Bankwesen in den Ruin treiben. Solche Bilanzlöcher werden dann leider immer wieder durch Steuergelder geschlossen, statt, wie es richtig wäre, sie durch Vernichten von Guthaben der großen Börsengewinner*innen zu schließen.

51 In: Heuberger (Hrsg.) (1994), S. 41f.

52 Brief Bendixens an Knapp, In: Knapp; Bendixen (1958), S. 61

53 Verkauft eine Bank nach Fertigstellung kreditfinanzierter Industrieanlagen Teile der Aktien, verschwinden diese Aktien auf der linken Seite der Bankbilanz. Im Gegenzug muss die Bank das dafür von Aktionär*innen an sie gezahlte Geld vernichten. Wenn z.B. eine Aktionärin für 100.000 € Aktien von der Bank kauft, überweist sie dieses Geld von ihrem Konto auf ein Konto der Bank. Ihr Kontostand sinkt um 100.000 €. Im Gegenzug werden Aktien im Nennwert von 100.000 € aus der Bankbilanz auf ihr privates Wertpapierkonto übertragen. Das Sinken des Kontostandes der Aktionärin um 100.000 € bewirkt eine Bilanzverkürzung auf der Passivseite der Bankbilanz; das Übertragen der Aktien aus der Bankbilanz auf das private Wertpapierkonto bewirkt eine Bilanzverkürzung auf der Aktivseite der Bankbilanz. Ein Verkauf von Wertpapieren führt in einer Bankbilanz so immer zu einer Bilanzverkürzung, also zu Geldvernichtung.

[54] Der Film ist auf der Seite der Fernuniversität Hagen unter Videostreaming zu finden, siehe Link unten. Für Ungeduldige hier einige Hinweis. Ab ca. Minute 10 wird über Geldschöpfung durch Ankauf von Staatsschuldscheinen gesprochen, aber ignoriert, dass die Bundesbank dem Staat keine Kredite geben durfte. Staatsschuldscheine können nur durch Kreditaufnahme des Staates bei einer Geschäftsbank entstanden und dann von dieser an die Zentralbank verkauft worden sein. Kauft die Zentralbank die Staatsschuldscheine aber von einer Geschäftsbank statt vom Staat, stellt das keine Geldschöpfung dar, denn die Gesamtgeldmenge ändert sich durch den Verkauf von Wertpapieren von einer Geschäftsbank an die Zentralbank nicht. Das ist ein typisches Geldmarktgeschäft, bei dem nur die Qualität des Geldes verändert, nicht aber die Geldmenge erhöht wird. Geldschöpfung findet im Lehrfilm etwa ab Minute 13:40 statt, wenn Privatleute Wertpapiere an die Bank verkaufen oder der Staat Kredit aufnimmt. Dass Banken Wertpapiere im Zuge von Kreditvergaben selbst erschaffen, wird nicht klar benannt. Der Unterschied zwischen Geldschöpfung und Geldmarktgeschäften wird in der Lösung der Aufgabe, ca. Minute 17 erkennbar. Von Interesse sind vielleicht auch die beiden Kurzinterviews in dem Lehrfilm ab Minute 19:10. Insgesamt lassen sich in dem Lehrfilm Hinweise auf die Geldschöpfung der Banken finden. Diese Informationen scheinen jedoch in einem Wust an irreführenden Informationen und dubiosen Rechnungen (am Ende des Films) unterzugehen. Nur so ist erklärlich, dass Generationen von Wirtschaftsstudent*innen die Universitäten auch nach diesem 1982 entstandenen Film ohne echtes Verständnis der Geldschöpfung der Geschäftsbanken verlassen haben.
https://www.fernuni-hagen.de/videostreaming/zmi/video/1982/82-04_00000/video.shtml

[55] Die Literatur über Börsenkrisen ist umfangreich. Neben ökonomischen Texten gibt es auch zahlreiche literarische Auseinandersetzungen. U.a. schrieb Erich Kästner „Auf einer kleinen Bank vor einer großen Bank", Brecht „Die heilige Johanna der Schlachthöfe" und die Filmindustrie produziert immer neue Dokumentar- und Spielfilme.

[56] Lindenberg (1903), S. 15

[57] Elmar Altvater – In: Dürmeier et al., S. 141

[58] Wagenknecht: Streitfrage: Jetzt auch Staatsknete für die Automobilindustrie? Ergebnis eines entfesselten Kapitalismus. In: *Neues Deutschland* vom 28.11.2008, S. 14

[59] Höfling, Michael; Zschäpitz, Holger: Massensterben am Zertifikatemarkt. In: *Die Welt* vom 21.8.2007, S. 15

[60] Formal gesehen sind Staatsschulden keine ewigen Schulden, denn Staatsanleihen haben Laufzeiten und müssen zum Ende der Laufzeit getilgt werden, siehe Textkasten S. 74. Im Kapitalismus erfolgt die Tilgung alter Staatsanleihen im Allgemeinen jedoch durch das Aufnehmen neuer Schulden. Sie werden also umgeschuldet.

[61] https://monetative.de/code-des-geldes-rechtliche-grundlagen-der-geldschoepfung-mit-prof-katharina-pistor/

[62] Ebenda

[63] Ebenda

[64] Ab Minute 29:50 spricht sie über das Rechts-Finanzparadox, ab Minute 33:08 darüber, dass Unrecht in Krisen legitimiert wird, ab Minute 35:35 bekennt sie, dass Ansprüche der Geschädigten oft nicht durchsetzbar sind, weil keine realen Werte dahinter stehen, ab Minute 36:50 wird uns die Inkonsequenz des Krisenmanagements vorgeführt. Vermeintlich systemrelevante Akteur*innen werden gerettet, andere nicht. (Noch) geltendes Recht spielt in der Krise keine Rolle. Das System wird nicht repariert und so krisenfester gemacht, sondern einfach nur am Laufen gehalten. Erkannte Fehler werden nicht beseitigt, sondern oft verschlimmbessert.

65 Veyne, Paul: Das Römische Reich. S. 152 – In: Ariès (1989), S. 19-227

66 Vogtmann (2000), S. 95; Interessant ist, dass Vogtmann diesen Satz nicht mit: Da „Geld aus Kredit entsteht", beginnt, sondern mit „wenn", obwohl Vogtmann weiß, das Geld heute grundsätzlich durch Kredit entsteht.

67 Gruhl, Herbert, zitiert nach: Meyers Enzyklopädisches Lexikon in 25 Bänden (1981), S.135

68 Erhard (1957), S. 30f. – Diese Aussage findet sich nur in der Erstausgabe von 1957. In späteren Ausgaben wurde sie gestrichen.

69 Der Kontokorrentkredit ist ein Kredit, bei dem die mit Geldschöpfung verbundenen Geldausgaben mit späteren Geldeinnahmen verrechnet werden. Der Begriff stammt wie alle alten Bankbegriffe aus dem Italienischen und leitet sich von *il conto corrente* ab, was „laufende Rechnung" bedeutet, siehe Buff (1904), S. 1.

70 Am Beginn der Neuzeit wurden Eigenwechsel (das Geld der Kaufleute) auf Wechselmessen verrechnet. Diese Zahlungsmittel verschwanden dadurch wieder in großem Umfang. Später wurden im Handel entstehende Zahlungsmittel Waren- oder Handelswechsel bzw. Tratte genannt. Durch Verrechnung solcher Wechsel auf einem Konto entstand der Kontokorrentkredit. Er ermöglicht in hervorragender Weise, Geld in laufender Rechnung entstehen und verschwinden zu lassen. Der Kontokorrentkredit wird dem Wesen des Geldes als einem Tauschmittel für Waren, die gleichfalls immer neu durch Produktion entstehen und durch Konsum verschwinden, am besten gerecht. Kontokorrentkredite sind deshalb das sinnvollste und logischste Instrument zur Geldmengensteuerung.

71 Siehe Teil 2, Kapitel 8.4: *Eigenwechsel*

72 Siehe Teil 2, Kapitel 2.4: *Kerbholzwirtschaft*

73 Ebenda, S. 23

74 Friedrich (1988), S. 15

75 Ebenda, S. 15f.

76 Abelshauser (1983), S. 40ff. – Markus Rudersdorf bestreitet Abelshausers These, dass der Wirtschaftsaufschwung schon vor der Währungsreform, nämlich bereits im Herbst 1947 begann, vgl. Rudersdorf (1996), S.264-265. Zu dieser Erkenntnis gelangt Rudersdorf jedoch, weil er lediglich die Bankbilanzen betrachtet, den Naturaltausch also den nichtmonetären Warentausch jedoch vollständig übersieht.

77 Grunenberg, Nina: Ein seltsamer Heiliger. In: Die Zeit vom 3.5.2007, S. 22

78 Friedrich (1988), S. 27

79 Vgl. Friedrich (1988)

80 Vgl. u.a. Friedrich (1988), S. 40 f.

81 Erhard (1957), S. 31 – Diese Aussage findet sich nur in der Erstausgabe!

82 Ebenda

83 Friedrich (1988), S. 28

84 Eine Kurzfassung des gesamten Kapitels 8 bietet das Kreislaufvideo auf meiner Webseite https://falschgeldsystem.de/videos/ oder https://www.youtube.com/watch?v=VdHl3xNf0qA

85 Zitiert nach Friedrich (1988), S. 22

86 Friedrich (1988), S. 23

87 Ebenda

88 Ebenda, S. 22f.

89 Herrmann (2014), S. 83

12.5. Anmerkungen

[90] Siehe Teil 1, Kapitel 3: *Probleme*, aber auch Kapitel 4: *Ursachen*.

[91] Siehe: Mandel (1972)

[92] Siehe Teil 1, im Kapitel 4.5: *Die Welt kauft bei Amazon* das Beispiel: *Taler, Taler du musst wandern...*

[93] Nölling (1994), S. 61

[94] https://www.bpb.de/apuz/183442/wohnungspolitik-seit-1945

[95] Ebenda, vgl. auch Subventionsbericht der Bundesregierung, BT-Drs. 13/2230 vom 10.5.1996, S. 18ff.

[96] Ebenda

[97] Heinsohn; Steiger (1996): S. 445

[98] Ebenda, S. 132

[99] Hetger (1989), S. 11 Q:781

[100] Marx (1951b): Das Kapital: II. Band, II. Abschnitt, Kapitel 17, S. 331

[101] Zitiert nach: Korn (1989), S. 3; vgl.: Godehard Puckler: Forderungsbewertung im Raten-kreditgeschäft. In: IDW (Hrsg.): Die Wirtschaftsprüfung, 15 (1986), S. 413-417

[102] 2005 gab es in Deutschland 82,5 Mio. Menschen und 234 Mrd. Euro Ratenkredite. Die Zahlen wurden den beiden folgenden Webseiten entnommen:
https://www.gbe-bund.de/gbe/pkg_olap_tables.prc_set_hierlevel?
p_uid=gast&p_aid=34157946&p_sprache=D&p_help=2&p_indnr=17&p_ansnr=53176670&
p_version=4&p_dim=D.000&p_dw=3722&p_direction=drill
https://de.statista.com/statistik/daten/studie/437374/umfrage/pro-kopf-bestand-an-konsmentenkrediten-in-europa-nach-regionen/#statisticContainer

[103] Ebenda

[104] Argentarius (1921): S. 17

[105] Zitiert nach: http://www.dr-utz-juergen-schneider.de/inhalt5.htm

[106] Perkins (2004), S. 230

[107] Luxemburg (1985), S. 382

[108] Vgl. Graeber (2012)

[109] Smith (1923), 3.Bd., S. 337

[110] Leverkus (1990), S. 227

[111] Gesetz zur Förderung der Stabilität und des Wachstums der Wirtschaft (StWG) vom 8.6.1967, §1, erster Satz

[112] Vgl. Richebächer (1980), S. 253 f.: „Für Keynes und alle seine Anhänger der „ersten Generation" stand es in der Tat außer jeder Frage, daß die expansive Wirkung staatlicher Defizite vollkommen von deren Finanzierung durch „zusätzliche Kredite", kurzum also durch Geldschöpfung abhängt."

[113] Vorab wurde am 4.1.1967 die Zinsbindung aufgehoben, siehe Götz et al. (1995), S. 98.

[114] https://de.wikipedia.org/wiki/Liste_der_Länder_nach_Staatsschuldenquote

[115] Zeitschrift für das gesamte Kreditwesen (1982): Heft 19, S. 876

[116] https://de.statista.com/statistik/daten/studie/157800/umfrage/entwicklung-der-zinsausgaben-des-bundes-seit-1969/#statisticContainer

[117] https://www.bundeshaushalt.de/#/2020/soll/einnahmen/einzelplan.html

[118] Die Kontaktsperren infolge Pandemie bewirkten 2020 teilweise Umsatzeinbußen. Trotzdem boomten die Börsen. Reichtum und Armut nahmen zeitgleich zu.

[119] Vgl. https://de.wikipedia.org/wiki/Liste_der_Länder_nach_Staatsschuldenquote

[120] Es gibt verschiedene Angaben über die Entwicklung der Staatsschulden.

[121] Die Zahlen dieser Quellen unterscheiden sich etwas von denen der Quelle in Fußnote 114. Für die Berechnung des Anteils der Schulden bezogen auf das BIP wurden die Daten für die Staatsschuld folgender Quelle entnommen:
https://www.destatis.de/DE/Themen/Staat/Oeffentliche-Finanzen/Schulden-Finanzvermoegen/Tabellen/schulden-nicht-oeffentl-gesamthaushalt-zeitreihe.html
Die Daten für das BIP stammen von einer anderen Unterseite der gleichen Webseite:
https://www.destatis.de/DE/Themen/Wirtschaft/Volkswirtschaftliche-Gesamtrechnungen-Inlandsprodukt/Tabellen/lrvgr02.html

[122] https://www.bundesbank.de/de/presse/pressenotizen/deutsche-staatsschulden-862938

[123] In einer Marktwirtschaft, wie sie der Kapitalismus angeblich ist, sollte auch der Arbeitsmarkt den Gesetzen von Angebot und Nachfrage unterliegen. Bei steigender Nachfrage nach speziell qualifizierten Arbeitskräften müssten die Preise (Löhne) für diese Arbeitskräfte steigen, bis die Nachfrage gedeckt ist. Auf dem Arbeitsmarkt gelten diese Regulierungsmechanismen aber nicht. Statt Krankenhäuser zu zwingen, Arbeitskräfte durch entsprechende Löhne anzuwerben, um für die Pandemie gerüstet zu sein, zwingt die Politik die gesamte Bevölkerung in Lockdowns, die Milliarden ohne erkennbaren Nutzen verschlingen.

[124] https://de.wikipedia.org/wiki/Liste_der_Länder_nach_Staatsschuldenquote

[125] Anonym: Zeitschrift für das gesamte Kreditwesen (1996) Heft 3, S. 103

[126] Siehe Kapitel 8.5: *Konsumkredite*

[127] Siehe Teil 1, Kapitel 5.2: *Wie entstand das Eigentum?*

[128] Richebächer (1980), S. 204

[129] Siehe Teil 1, Kapitel 3.2: *Der Stoffkreislauf*

[130] Siehe Teil 2, Kapitel 3.4: *Hortfunde*

[131] Solmssen (1986), S. 258

[132] Deutsche Bundesbank (1983), S. 9 und Deutsche Bundesbank (1994), S. 72-74

[133] Ein Beitrag über den Hochfrequenzhandel findet sich auf ARTE unter dem Titel: Die Geldroboter, oder siehe: https://www.youtube.com/watch?v=IKfGewPSz68

[134] Solomon (1995), S. 40

[135] Richebächer (1980), S. 284

[136] Say (1845), 2.Bd., S. 12

[137] Say (1845), 2.Bd., S. 12; ebenda auch: „Von allen Sachen wird eine durch die andere gekauft."

[138] Ebenda, S. 11

[139] Quesnay (1965)

[140] Vgl. Marx (1956), S. 272-307: Das Tableau économique nach Quesnay (Abschweifung). Geschrieben 1862/63 – Marx hat hier auch auf die Neutralität des Geldes geschlossen.

[141] Vgl. Marx (1956), S. 306, Marx zitiert hier Mirabeau aus einer Schrift von Adam Smith.

[142] Siehe Textkasten „Währungsreform...", S. 56-57

[143] Das unbekannte Missverhältnis zwischen der bäuerlichen Produktion und dem bäuerlichen Konsum, bietet möglicherweise eine Erklärung für die unverständlich erscheinende sogenannte mittelalterliche Agrarkrise. Wilhelm Abel findet keine hinreichende Erklärung für die Agrarkrise des 14.-15. Jahrhunderts. In diesen Jahrhunderten kam es trotz latenten Nahrungsmangels,

der sich in einem fortwährenden Rückgang der Bevölkerung niederschlägt, zu Landflucht und infolge dessen zu Flächenstilllegungen, vgl. Abel (1980). Eigentlich hätte der Nahrungsmittelmangel die Lebensmittelpreise so weit in die Höhe treiben müssen, bis eine entsprechende Ausweitung der Produktion für ein Gleichgewicht zwischen Angebot und Nachfrage sorgt. Vor dem Hintergrund der immensen unbezahlten Arbeit der Bauern wird indessen verständlich, warum es stattdessen – entgegen der Logik des Marktes – zum Rückgang der Produktion kommt. Marktgesetze zeigen dort keine Wirkung, wo kein Markt existiert.

[144] Marx (1956), S. 299: „1000 Millionen Geld haben hier zirkuliert dreimal – von S [Sterile, d.h. Handwerker oder Arbeiter, d.A.] zu F [Farmer/Bauer, d.A.] , von F zu S, von S zu F – und jedesmal für 1000 Millionen Ware, also zusammen für 3000 Millionen."

[145] Wicksell (1898), S. 152

[146] North (1994), S. 113

[147] Siehe Teil 2, Kapitel 10.7: *Goldstandard*

[148] Insbesondere in den Kapiteln 8.7: *Staatsverschuldung* und 8.9: *Innerbankenkredite* wurde darauf hingewiesen, dass an den Finanzmärkten vermehrtes überschüssiges Geld dazu missbraucht wird die Bevölkerung zu enteignen. Darüber hinaus erzeugt wachsender Geldüberschuss an den Finanzmärkten steigende Immobilienpreise, die die Mieten und in der Folge die Preise in die Höhe treiben. Die aus der Finanz- in die Realwirtschaft übergreifende Inflation führt zu wachsender Verarmung und Verelendung der Bevölkerung, weil auf die Preissteigerungen keine Lohnerhöhungen folgen. Die Realeinkommen sinken und das Missverhältnis zwischen Arbeitseinkommen und Kapitaleinkommen nimmt immer dramatischer zu.

[149] Keynes (1994), S. 167

[150] Ebenda, S. 164f.

[151] Ebenda, S. 131

[152] Robinson (1972), S. 27

[153] Quesnays Modell, siehe Kapitel 9.1: *Gelddeckung*, gibt den Zusammenhang zwischen bäuerlicher Subsistenzwirtschaft und industrieller Lohnarbeit nur bedingt wieder. Die Landbevölkerung musste nicht nur für die Pachtzahlungen, sondern mit der beginnenden Mechanisierung der Landwirtschaft auch für die Rückzahlung der dafür aufgenommenen Kredite, produzieren, ohne im Ausgleich dafür konsumieren zu können, siehe auch folgende Endnote.

[154] Henning (1993), S. 55; Sein Buch: „Die Industrialisierung in Deutschland 1800 bis 1914" beginnt 1780 bis 1835 mit dem „Aufbruch zur Industrialisierung". Er beschreibt in diesem Kapitel zunächst die Bauernbefreiung sowie die Ertragssteigerung in der Landwirtschaft. Beides waren elementare Voraussetzungen für die danach einsetzende Industrialisierung.

[155] Zu den entscheidenden Systemfehlern gehören die Geldschöpfung für Investitionen und die fehlende Geldschöpfung für Nahrungsmittel. Beide Fehler haben sich während der beginnenden Industrialisierung zeitweise aufgehoben. Doch immer wenn die Kreditgeldschöpfung für Investitionen stagnierte oder sank, geriet das gesamte verkettete System in eine Krise.

[156] Rathenau (ca. 1929), S. 140

[157] Böll (1994), S. 776-777; Heinrich Böll (1917-1985) schrieb diese Erzählung als Vorlage für eine Sendung des Norddeutschen Rundfunks zum "Tag der Arbeit" am 1. Mai 1963.